삶을 변화시키는 발칙한 30가지

삶을 변화시키는 발칙한 30가지

최창식 지음

한국문화사

삶을 변화시키는 발칙한 30가지

1판 1쇄 발행 2022년 4월 16일
1판 2쇄 발행 2022년 8월 10일

지 은 이 | 최창식
펴 낸 이 | 김진수
펴 낸 곳 | 한국문화사
등 록 | 제1994-9호
주 소 | 서울시 성동구 아차산로49, 404호
(성수동1가, 서울숲코오롱디지털타워3차)
전 화 | 02-464-7708
팩 스 | 02-499-0846
이 메 일 | hkm7708@daum.net
홈페이지 | http://hph.co.kr

ISBN 979-11-6685-086-8 03810

· 이 책의 내용은 저작권법에 따라 보호받고 있습니다.
· 잘못된 책은 구매처에서 바꾸어 드립니다.
· 책값은 뒤표지에 있습니다.

오류를 발견하셨다면 이메일이나 홈페이지를 통해 제보해주세요.
소중한 의견을 모아 더 좋은 책을 만들겠습니다.

머리말

이 시대를 살아가는 젊은이들은 과연 무엇을 위해 살아가며, 무엇을 추구하고 있는가? 라는 질문을 나 자신에게 매일같이 던지곤 하였다. 그리고, 매일 만나는 대학생들에게 삶의 목표를 제시하여 주고 삶의 방향을 가르쳐주는 그러한 훌륭한 선생님이 되고 싶었다.

수십 년 동안 나의 삶의 경험으로부터 내놓은 답은 학생들과의 꾸준한 상담을 통하여 그들 각자의 가려운 부분을 점검하여 4년 동안 변함없이 관심과 걱정을 같이 나누어가는 삶의 진실한 자세가 중요하였다. 이러한 삶의 경험으로부터 묻어나오는 진실한 자세를 하나의 책으로 묶어서 발간하여 젊은이들에게 제시해 준다면 그들에게 삶의 작은 등불이 되어 이 시대를 살아가는 데 많은 도움이 될 것이라는 생각이 들었다.

이 시대를 살아가는 젊은이들과 나의 소박한 삶의 자세와 경

힘들을 같이 나누고 싶다. 이 책을 통하여 작은 것부터 하나씩 올바르게 바꾸어 가는 삶의 자세를 배울 수 있을 것이다.

  20여년 이상의 세월 동안 한국, 일본 및 미국의 여러 대학에서 연구 및 공부를 한 후에 한국으로 돌아와 후학 양성의 길을 걸으면서 이 시대의 젊은이들에게 가장 중요하고 절실히 요구되는 "젊은이들의 미래"에 대하여 많은 걱정과 관심을 가지게 되었다. 젊은이들에게 새로운 삶의 목표와 방향을 제시하여 줄 수 있도록 그동안 겪어왔던 삶의 진솔한 경험들을 짜임새 있게 정리하여 책으로 발간한다.

2022년 4월

대학교 교정에서

차례

머리말 v

1장
건강한 삶으로

1. 밥뚜껑을 과감하게 닫아라   3

2. 자신의 아파트를 운동기구로 삼아라   10

3. 항상 몸을 깨워라   15

4. 자신의 일터에서 항상 몸을 움직이라   19

5. 동네의 체육공원을 수시로 이용하라   23

6. 산에 올라가 대자연의 맛을 느껴라   27

7. 허파가 터지도록

    간이 빠지도록 뛰어보아라   31

8. 자신이 요리사가 되어보아라   36

9. 시시한 취미라도 가지라   40

10. 머리 터질 것 같으면 무조건 떠나라   45

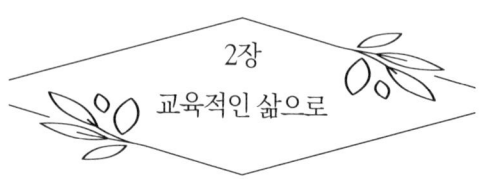

2장
교육적인 삶으로

1. 필사적으로 노력하며 인내하라   51

2. 명사의 강연에 귀를 쫑긋 세워라   57

3. 무형의 재산도

    모이면 돈이 됨을 명심하라   62

4. 새롭게 하는 것에 최선을 다하라   67

5. 남이 하지 않는

    일들을 끈질기게 찾아라   71

6. 대화를 통하여 모든 일들을 풀어라   75

7. 생각하고 또 생각하라   79

8. 단무지같은 행동을 하라   83

9. 항상 메모하는 습관을 가지라   87

10. 밑에서부터도 거침없이 배워라   92

3장
행복한 삶으로

1. 내가 먼저 계산하라	99
2. 시시콜콜한 말에도 귀를 기울이라	103
3. 동네의 역사에 관심을 가져라	106
4. 아이들과 같이 밖으로 나가라	109
5. "다! 우리가족 덕분이야" 라고 자주 외쳐라	113
6. 아내의 충고를 마음에 새겨라	117
7. 항상 긍정적으로 행동하라	120
8. 아는 분들에게 편지를 써 보아라	123
9. 봉사활동에 자주 참가하라	127
10. 느림의 인내를 이해하라	131

1장

건강한 삶으로

1. 밥뚜껑을 과감하게 닫아라

우리는 어느덧 21세기를 맞이하고 있고, 문명의 풍요로움 속에서 살고있다. 이제는 쉽게 마실 수 있는 물도 사서 먹어야 하는 급박한 세상 속에서 살고있다. 아날로그 시대는 잊힌 지 오래되었고, 디지털 시대도 새롭게 변화하는 세상이 온 것이다.

너무나 다양하고 풍부한 세상속에서 우리가 쉽게 잊고 사는 것이 "자신의 건강"을 돌보는 것이고, 때로는 자녀걱정, 집안걱정, 직장걱정 등에 빠져 스트레스의 연속으로 인한 삶이 자신의 어깨를 짓누르게 되어 결국에는 되돌릴 수 없는 병에 걸리는 것이 현재 직면하고 있는 현실이 되어버렸다.

한편으로 우리는 웰빙시대에 걸맞게 건강에 대해 많은 노력을 아끼지 않는다. 잘 먹고 잘 살려는 세상이 온 것이다. 사실,

잘 먹고 적당한 운동과 충분한 휴식을 통하여 건강한 삶을 유지할 수가 있지만, 이러한 건강한 삶을 유지하는 것은 그다지 쉬운 것은 아니다. 왜냐하면, 우리는 일에 쫓기거나, 여러 가지 상황에 처하게 되면 건강이란 것은 뒷전에 놓이게 마련이다. 그리고, 칼로리 높은 음식을 먹고 있다보면 졸음을 느끼게 되고, 결국에는 자연스럽게 꿈나라로 가게되어 자신도 모르게 어느덧 비만으로 치닫게 되는 것이다. 일단은 건강한 삶을 유지하기 위한 조건으로는 여러 가지가 있지만, 제일 쉽고 간단한 방법으로는 식습관을 고치는 것이다. 이런 말은 예전부터 귀가 따갑게 들었을 것이다. 그러나, 나는 약간의 방법을 달리하고 싶다. 보다 더 쉽고 대단히 단순한 방법을 일깨우고 싶다. 그것은 밥상을 차지하고 있는 매우 중요한 밥이 든 밥그릇을 과감하게 정리하는 것이다. 다시 말해, 밥뚜껑을 현명하게 사용하는 것이다. 우리는 밥이 있으면 자연스럽게 밥상에 놓여 있는 반찬도 함께 입속으로 들어간다. 특히, 우리는 외식문화에 익숙해져 있고, 바깥에서 먹는 경우가 흔하다. 이때, **밥뚜껑을 단순히 보온을 유지하거나 위생차원에서의 밥뚜껑으로 생각하지 말고, 우리의 건강을 지켜주는 충실한 트레이너로 생각하라.**

우리는 밥이 놓여있고, 밥이 보이면 자연스럽게 그것을 끝까지 먹으려고 한다. 그것이 인간의 본성이기 때문에 어쩔 수 없지 않느냐? 라고 반문한다면 나는 그러한 본성은 충분히 고칠 수 있다. 라고 말하고 싶다. 모든 사람은 예뻐지려고 하고, 멋있어지려고 하고, 날씬해지려고 하는 기본적인 욕망은 다 가지고 있다. 나도 예외는 아니다. 이렇게 하기 위해서는 기본적인 것부터 바꾸는 것이 가장 현명한 길이다.

우리가 밥상을 받으면, 밥상과의 전쟁에서 이겨야 한다. 밥상에서의 기본적인 숙제를 풀고서 밥을 먹기 시작하는 것이 매우 중요하다. 일단, 밥그릇에 담겨 있는 밥의 양을 과감하게 조절하는 노력이 필요하다. 약간 부족하다 싶을 정도의 적당한 양의 먹을 밥을 다른 그릇에 덜고, 나머지 밥은 뚜껑을 닫아 자신에게서 보이지않는 곳으로 멀리 치우는 식습관을 가져야 한다.

나는 이러한 밥뚜껑을 닫는 식습관을 오래전부터 지켜온 것이 아니고, 본인 스스로 개발한 아이디어도 아니다. 이러한 식습관을 지켜온 것은 최근의 일인데 몇 년간 철저히 지켜가면서 생활해온 결과 나의 건강이 확연하게 좋아짐을 느끼게 되었다.

대학에서 생활하다보면 여러부류의 전공을 가진 교수님들과 식사를 하게 된다. 어느날, 나는 호텔분야에 전공을 하신 교수님과 식사를 하게 되었다. 그 분은 평소에 침착하신 분으로 음식문화에 매우 조예가 깊은 분이었고, 음식의 맛에 대하여 여러 가지로 도움이 되는 말씀을 해 주셨다. 나는 우연히 그 분의 식사습관을 배울 수가 있었다. 그 분은 밥뚜껑을 열면서 적당한 양의 밥을 덜고 나머지 밥은 뚜껑으로 닫아 한쪽으로 치워버리는 것이었다. 그 분의 말에 따르면, 요놈의 밥 때문에 점점 살이 찌기 시작하였고, 밥을 조절하지 않으면 도저히 몸무게를 줄일 수 없다는 내용이었다.

나는 이제 밥뚜껑을 과감하게 닫는 식습관으로 고쳐져 있고, 가족들에게도 이러한 습관을 권장하고 있다. 이제는 한 단계 높은 식습관에 대해 말하고 싶다.

밥상을 다시 한번 살펴보자. 이제는 반찬쪽으로 잠시 열변을 토하고자 한다. 나는 고차원적이고 영양학적인 이야기는 전혀 거론하고 싶지 않다. **단지, 자연에서 일어나는 일 중에서 올바르게 바꾸면 건강한 삶으로 변화한다는 극히 자연론적인 이야기에 초점을 맞추고자 한다.**

여기서, 다시 한번 뚜껑의 중요성을 강조하고 싶다. 이제는 뚜껑 대신 마개라는 표현으로 이야기를 늘어놓고자 한다. 우리는 흔히 반찬거리 중에서 소스(sauce) 및 드레싱(dressing)을 자주 사용한다. 어떻게보면 현대의 반찬의 맛은 이 두가지 소스 및 드레싱에 의해 맛을 낸다고 해도 과언이 아니다. 가만히 살펴보면, 예전의 맛을 내기 위한 방법으로 미원이나 다시다를 많이 사용하는 방법은 요즈음은 많이 줄어드는 느낌을 받는다. 그 대신에 다양한 맛을 내는 소스 및 드레싱이 현대의 음식문화의 패턴을 바꾸고 있는 듯 하다.

앞에서 언급했듯이 밥뚜껑을 과감하게 닫는 것처럼, 소스마개 및 드레싱마개를 과감하게 막으라는 것이다. 우리는 종종 반찬에 맛을 내기 위하여 소스 및 드레싱을 지나치게 첨가하여 먹는 습관에 길들여져 있음을 인식해야 한다. 사실, 모든 식물류들은 대부분 식물마다의 독특한 향을 가지고 있다. 그러므로, 그 자체로 먹어도 큰 무리가 없고, 그 자체의 싱그러운 향기를 느낄 수가 있는 것이다.

나는 여기서 다른 교수님 한 분을 소개하고자 한다. 이 교수님은 정년을 하신 교수님인데 반찬에 대한 식습관을 철저하게 지키시는 분이시다. 예전에는 별다르게 식사하지 않고 다른 사람들과 동일한 수준으로 먹었지만, 최근 반찬거리에 이것저것 양념을 가미하지 않고 먹은 결과, 나이들면 가장 걱정스러운 복부비만은 자연스럽게 사라져버린 것은 물론, 젊은 사람의 혈액처럼 매우 생기있고 맑은 혈액을 가지게 되었다는 말씀을 듣게 되었고, 그뿐만아니라 일상생활 속에서 원기가 넘치고 생동력이 있는 기분 좋은 삶으로 변화하고 있다는 노교수님(old professor)의 부러운 말씀도 들을 수 있었다.

가끔씩 나의 경우도 아침밥은 양배추 한가지로 밥상을 차려서 거뜬한 식사를 한다. 우선, 양배추 밥상은 시간을 절약한다는 강점을 가지고 있다. 그뿐만 아니다. 양배추는 섬유질식품이라서 소화력이 뛰어나고, 각종 미네랄이 들어있어 영양만점이다. 또한, 증기로 쪄서 먹으면 부드럽고 감미로운 맛을 느낄 수가 있으며 포만감을 채워준다.

그렇다. 밥뚜껑을 닫는 습관도 중요하지만, 소스마개, 드레싱마개도 과감하게 닫는 식습관도 필요하겠다. 이러한 평범한 식습관은 잊힌 채 묻혀버리는 경우가 허다하다. 이러한 식습관이 우리의 건강을 하나씩 마이너스시키는 것이다. 건강이라는 것은 하루 아침에 좋아지는 것도 아니고 하루 아침에 나빠지는 것도 아니다. 분명한 것은 올바른 식습관은 조금씩 조금씩 삶을 건강하게 만들고, 올바르지 못한 식습관은 조금씩 조금씩 삶을 무미건조하게 만들 것임에 틀림이 없다.

  우리는 나이에 비해 매우 젊게 보이는 사람들을 종종 볼 수가 있다. 이러한 분들은 분명히 젊음을 유지하는 비결을 가지고 있음에 틀림이 없다. 다시말해, 그것이 남들과 다르게 꾸준히 건강법을 지키는 것이다. 여기서도 젊음의 유지비결은 고차원적인 건강법이 아님을 강조하고 싶다. 단순한 식습관을 변화시키기만 하면 젊은 삶을 살 수 있다는 것이다.

뚜껑을 닫아라. 마개를 닫아라. 건강한 삶이 나날이 새로워질 것이다.

2. 자신의 아파트를 운동기구로 삼아라

내가 고등학교시절만 해도 아파트란 단어는 생소한 단어에 불과했지만, 요즈음은 아파트란 단어는 흔한 단어로 변화하였다. 그만큼 주거지가 단독주택에서 아파트로 급변하게 되었다. 점점 삶의 변화가 편안함과 안락함을 추구하는 형태로 변하고 있는 것이다. 그러나, 편안함과 안락함을 추구하다보면 건강을 잃어버리는 경우가 허다하다. 여기서 필자가 강조하고 싶은 것은 쉽게 건강을 지킬 수 있고, 유지할 수 있는 방법을 찾아보라는 조언을 들려주고 싶다. 나의 경우는 9년동안 19층 아파트에 산 적이 있다. 아파트주변에는 대부분 녹지공원이 조성되어 있고, 간단한 운동시설 및 체육시설을 갖추고 있다. 때때로 건강을 위하여 조금 시간이 날 때면 공원에 조성된 체육시설을 이용하는 경우가 있다. 사실, 이러한 녹지공원에서의 운동도 시간을 내지 않으면 절대로 할 수 없는 운동임을 확인할 수가 있었다.

철저하게 달력에 운동하는 날을 표시하면서 해 보았지만 그렇게 많은 시간과 규칙적인 시간을 할애할 수 없었다. 나의 운동기준은 매일 1시간 이상 해야만한다는 기준을 가지고 있었기 때문에 불규칙적인 운동은 나자신이 용납될 수 없었고, 가끔씩 그러한 운동이 짜증이 나곤 하였다. 다시 말해, 스트레스를 해소하려고 뛰어든 운동이 오히려 건강에 치명적으로 해가 될 수 있는 짜증과 스트레스가 더해짐을 느낄 수가 있었다.

나로써는 따로 시간을 내지 않고 규칙적인 운동습관을 찾을 수 있는 방법들을 곰곰이 생각해 보았다. 그때 나의 머릿속에 스쳐지나가는 것이 있었다. 가끔씩 집에 들어올 때 계단을 이용하여 천천히 올라왔던 생각을 떠올리게 되었다. 19층까지 천천히 올라가는데 약 10-15분 정도의 시간이 걸린다. 19층까지를 두 번 반복하여 오르내리면 약 30분 이상이 소요가 되는 것이다. **집으로 돌아올때마다 한번 독하게 마음먹고 엘리베이터를 타지않고 계단을 이용하여 며칠간 시험삼아 시도해 보았다. 정말로 운동도 되고 따로 시간을 내어 운동하지 않아도 됨을**

확인할 수 있었다.

처음에는 조금은 번거로움을 느낄 수 있었지만 건강에 초점을 맞추어 생각하다 보니 모든 불평은 사라지게 되었다. 처음에는 한두번 계단을 오르내렸지만 점점 익숙해진 후로는 몇 번이고 반복하여 오르내렸다. 때로는 1시간 이상을 오르내린적도 있었고, 그럴때면 어느새 온몸이 땀으로 뒤범벅 되어버렸다. 가끔씩 계단에서 만나는 사람들이 나를 보면서 물끄러미 쳐다보기도 하였고, 이상하게 느껴지는 기분도 감지하곤 하였다. 사실, 자신의 건강을 지키기 위해서는 창피라는 단어는 철저하게 잊어버려야 한다. 이것저것 따지면서 건강을 지켜내는 것은 무척 힘이든다.

필자의 건강 관리법은 극히 단순하고 기본적인 생각에서 출발한다. 앞서 이야기했지만, **건강을 무리하지 않고 자연적인 방법으로 우리의 생활속에서 찾으라는 것이다.** 어떤 사람들은 매우 고상한 방법으로 건강관리를 하려고 한다. 필자는 이러한 경우의 분들을 많이 보아왔다. 결국에는 시간의 제약, 금전적인 문제, 그리고 적응력의 문제 등 이런저런 이유로 그만두는 경우를 허다하게 경험하였다. 필자의 경험으로는 모든 실마리를 자기주변에 있는 장소에서 풀어보도록 조언하고 싶다. 나의 경우도 처음에는 다른 먼 곳에까지 생각하며 건강관리법을 찾으려고 하였으나 결국에는 나의 주변에서 찾는 경우가 허다하였다.

요즈음의 학생들을 대할 때마다 땀을 흘리는 수고를 하지 않으려는 경향을 많이 느낀다. 특히, 체력적인 면에서 많이 약해져 있음을 대학생들을 지도하는 나로서는 많이 느끼고 있다. 나는 항상 대학생들에게 시간이 날 때마다 쉽게 움직일 수 있는 수고들을 감사하게 받아들이면서 생활하도록 충고를 아끼지 않는다. 필자는 19층을 오르내리면서 깨달은 것이 있다. 이것을 경험하지 못한 사람은 피부에 와닿지 않을 것이다. 1층에서 약 10층까지는 발걸음이 무겁게 느껴지고, 머리가 조금 어지러움을 느끼게 된다. 그러나, 11층부터 19층까지는 발걸음이 점점 가볍게 되고, 머리가 약간 맑아짐을 느끼게 되었다. 이러한 것이 운동의 효과임을 깨달은 것이다.

생각이 날 때 즉시 행동으로 옮기는 습관을 자신의 운동 관리에 적용하도록 노력해야 한다. 여러분은 어디에 사시나요? 혹시 아파트에 사십니까? 그러면 아파트를 자신의 운동기구로 삼기를 조언하고 싶다. 아파트는 분명히 여러분의 건강을 지켜 줄 것이다.

3. 항상 몸을 깨워라

 필자는 공식적으로 인정된 학회 논문을 작성하는 일이 자주 있다. 이럴 때마다 느끼는 것은 몸이 무겁고 기분이 찌뿌듯하면 논문 작성하는 일이 무척이나 어렵고 문맥구성상 앞뒤가 맞지 않게 되고, 머리에 열만 받게 되곤 한다. 특히, 영어로 작성하다보면 완전히 콩글리쉬가 되어버리는 경우가 허다하다. 한 번은 이런 경우가 있었다. 컨디션도 좋지 않은 상태에서 급하게 논문을 작성하여 투고해야 될 경우가 있어 실험결과를 토대로 이런저런 살을 부쳐가면서 급하게 국제논문을 작성하게 되었고, 온라인을 통하여 투고하게 되었다.

 약 3주 후에 답장을 받게 되었는데, 두 장으로 된 질문서가 날아온 것이었다. 사실, 필자로서는 앞이 캄캄하였다. 보충실험할 내용도 많았고, 부족한 영어실력으로 모든 내용을 이해하여 작성하는데는 많은 시간과 각고의 노력이 함께 투자되어야 했다. 이미 발표된 타 논문을 참고로 하여 세련된 문장을 기준삼아 하나씩 하나씩 만들어 나갔다. 그 후, 여러번 다시 보고 수정하여 어느정도 만족할 만한 질문에 대한 답을 마무리 짓고 다시 투고하였다. 약 2주후에 답장이 왔는데 다행히도 논문을 실어주겠다는 내용이였다. 얼떨결에 논문이 잘된 쪽으로 끝이 났지만 기분은 그다지 좋은 것은 아니었다. 왜냐하면, 차후에도 이러한 비슷한 상황으로 행동하는 경우가 나의 몸에 습관처럼 베어 나오기가 쉽기 때문이다.

　잘못된 습관은 인정하고 빨리 고쳐야 하지만 자신도 모르게 그러한 습관들이 들어오게 된다면 아주 난관에 부딪히는 경우가 많이 있다. 이러한 것을 사전에 방지하기 위해서는 항상 몸이 깨어있어야 함을 깨닫게 된다. 이러한 방법도 원로 교수님과의 생활속에서 깨달은 것이다. 아침에 교수님과 같이 산책을 하면서 교수님께서는 자신의 생활습관을 하나씩 말씀해 주신다. 나로서는 그 분의 말씀을 명심하여 듣고 그것을 가슴속에 새겨가면서 실천하고 있다. 이러한 조금씩이나마 원로교수님으로부터 변화있는 삶의 모습을 배우는 것이 즐겁고 감사할 따름이다.

그분의 말씀에 따르면 항상 깨어있지 않으면 새로운 아이디어가 없고, 무미건조한 생활로 되어 버린다는 것이었고, 결국은 건강을 잃기쉽다는 말씀이었다. 그 분의 기억력은 고령인데도 불구하고 타의 추종을 불허한다. 일주일 전의 작은 일까지 기억하고 계시는 능력도 가지고 있다. 그 분이 가장 듣기 싫어하는 2가지 말이 있다. 첫째로, 이제는 운전은 그만 하시죠. 두번째로, 이제는 강의는 조금씩만 하시죠. 라는 것이다. 같은 강의를 하는 나 자신으로서는 그분의 일거수일투족이 좋은 생활의 표본이 되고 있다.

요즈음 치매라는 병으로 가끔씩 우리들의 발목을 잡는 경우가 있다. 그러한 치매라는 단어가 젊은 세대에서도 자주 듣는 단어의 하나가 되고 있고, 나이를 불문하고 치매는 무서운 병으로 다가서고 있다. 이러한 치매 예방책으로서 강의하는 것도 치매 예방법의 하나라는 것을 원로 교수님의 말씀으로부터 확인할 수가 있었다. 그 원로 교수님께서는 강의하고 강의 내용을 준비하는 가운데 머리를 자주 사용하게 되어 치매를 예방하는데는 제일 좋은 방법이라는 말씀을 자주 듣곤 하였다.

  그렇다. 건강하게 살기 위해서는 여러 가지 방법이 있겠지만은 육체적인 면뿐만 아니라 정신적인 면에서 항상 몸을 깨우는 자세와 머리를 시원하게 깨우는 자세를 우리들의 일상 생활속에서 찾아보고 규칙적으로 행동으로 실천하는 습관이 필요하겠다.

4. 자신의 일터에서 항상 몸을 움직이라

 요즈음은 직장마다 건강에 대한 개혁의 조짐이 조금씩 나타나고 있다. 특히, 공무원들로 이루어진 직장에서 웰빙에 걸맞는 맨손체조가 부활되고 있는 실정이다. 사실, 필자의 중고등학교시절만 하더라도 아침 조회 시간이 있었고, 그 시간을 이용하여 맨손체조를 하면서 하루를 시작하였다. 돌이켜보건대, 그때만해도 이러한 간단한 맨손체조가 우리들의 건강을 유지시켜주는 확실한 건강지킴이임에 틀림이 없었다.

 그런데, 세월이 바뀌어 입시위주, 학력위주 등 학습경쟁시대에 접어들면서 그러한 기초적인 건강 지킴이시간은 자연스럽게 사라져버린지 오래되었고, 세상 살아가기 힘든 시대가 온 것이다. 이제는 더 떨어질수 없는 바닥을 치고 있는 교육현장

속에서 예전의 맨손체조가 조금씩 부활되고 있는 것이 참으로 다행스러운 일이다. 그렇지만 이러한 맨손체조도 모든 기관이나 학교 등 거국적으로 시행되는 데는 일정한 시간이 지나야 할 것이다. 요즈음은 책상머리에 앉아 컴퓨터로 작업을 하는 일이 많아졌고, 그것도 장시간에 걸쳐서 작업을 하는 관계로 여러 가지 성인병에 시달리는 경우가 많아졌다. 특히, 배가 나오는 것은 물론이고, 오십견, 위장염, 치질, 시력저하, 어지러움 등등 셀 수 없이 많아지는 성인병들을 막을 수는 없다.

그러나, 필자는 자신의 일터에서 조금만 움직이면 이러한 기본적인 성인병을 한방에 날려버릴 수 있는 접근하기 쉬운 운동법을 소개하고자 한다. **출근시간에 막간을 이용하여 5분, 점심시간후 막간을 이용하여 5분, 그리고 퇴근시간전 막간을 이용하여 5분 즉, 5-5-5 법칙을 철저하게 지켜라.** 각 5분동안 하는 운동은 그야말고 간단하고도 간단하다. 허리굽히기 운동, 허리젖히기 운동, 옆구리 운동, 머리돌리기 운동, 그리고, 팔다리관절 운동 이것으로 땡이다. 참... 쉽죠. 사람들은 이야기 한다. 이러한 귀찮은 시간을 어떻게 할애하여 시간을 낸다는 말인가? 라고, 그것은 변명에 불과하다. 나는 묻고싶다. 하루 세

끼 밥은 어떻게 귀찮게 찾아먹느냐? 라고 말이다. 그러면 다시 나에게 대답할 것이다. 배가 고프니까 당연히 먹는 것이지. 그렇다. 여기서 잘 생각해보아야 한다. 밥을 먹으라는 자연스러운 신호가 우리 몸에 온 것이다. 운동도 마찬가지이다. 컴퓨터 앞에 서너시간 앉아있으면 몸에 신호가 온다. 허리가 아프고, 눈이 피곤해지고, 엉덩이가 뻐근하다. 이 때가 바로 밥을 먹으라는 신호처럼 운동을 가볍게 하라는 자연스러운 신호인 것이다. 이것을 무시하고 하던 업무를 계속하다가는 좋지않은 성인병이 나타나기 시작하는 것이다.

 필자의 경우는 5-5-5법칙은 기본으로 지킨다. 이 운동은 몸에 배어서 하지 않으면 몸에서 경고 신호가 온다. 우선은 머리가 무거워지고 눈이 피곤해져 온다. 여기서, 필자의 추가적인 건강법을 소개하고 싶다. 5-5-5법칙에 얼굴마시지법을 소개한다. 얼굴마사지법도 5분이면 충분하다. 우선, 코주위 1분, 인중 1분, 눈주위 1분, 귀볼 1분, 그리고 마빡(좋게 말하면 이마) 1분이다. 이것도 참... 쉽죠. 얼굴마사지를 하고나면 장시간에 피곤했던 모든 스트레스가 없어지는 것을 느끼게 되고 일을 하고 싶은 욕심이 생기게 된다. 특히, 피곤해졌던 눈이 시원함을 느끼게 되어 일의 효율이 높아진다. 필자의 운동법은 앞서 이야기했다시피 어려운 방법도 아니며 돈이 들어가는 운동법도 아니다. **단지, 5분의 시간을 내라는 것이다. 5분의 시간이 여러분의 건강을 철저하게 지켜줄 것이다. 이 5분의 시간을 철저하게 지키기 위하여 몸에 배이기 전까지 달력에 "5분 운동" "건강해결"을 큼직하게 써서 철저하고 꾸준하게 지키는 지혜가 필요하겠다.**

5. 동네의 체육공원을 수시로 이용하라

    필자의 운동접근 방법은 지극히 단순하고 간단함의 극치를 달린다. 단지 짧은 시간만 내면 그것으로 충분하다. 사람은 항상 건강해지려는 욕망은 누구나 다 가지고 있고, 열심히 생각하고 노력하기도 한다. 그렇지만, 대부분의 사람들은 건강에 대한 원대한 목표를 세우고 야심차게 시작하지만 시간이 지나갈수록 희미해지기 시작하고 그 원대한 꿈이 어느새 사라져버리는 경우가 비일비재하다.

    필자가 앞서 이야기했다시피, 너무나 원대한 꿈을 계획하다 보면 그것을 직접적으로 생활속에 적용하는 것이 불분명해지고 행동으로 옮기는 것이 어려워지는 것이다. 운동의 경우도 마찬가지이다. 쉬운 것부터 차례대로 행동하는 것이 중요하다.

자신이 살고 있는 주변에는 아름다운 공원이 있고, 또한 체육공원도 대부분 마련되어 있다. 필자는 이러한 접근하기 쉬운 체육공원을 자주 이용하라는 말을 강조하고 싶다. 이러한 운동기구가 있는 체육공원을 자주 이용하면 여러분의 건강은 나날이 새로워 질 것이며 삶의 욕구를 한층 높일 수 있을 것이다.

필자의 경우도 시간이 날 때마다 이러한 운동시설을 자주 이용하고 있다. **우선은 가볍게 접근할 수 있다는 것이 장점이라 할 수 있다. 그리고, 30분 이상 몸을 풀다보면 어느새 땀이 맺히게 된다. 이것으로 하루의 운동으로 충분한 것이다.** 체육공원에서 운동을 하다보면 여러 사람들이 모이곤 한다. 사실, 운동시설이 있는 주변에 쓰레기들이 널려져 있는 경우가 있는데 그것을 주워가면서 운동하는 분도 눈에 띄었다. 그러한 모습을 보면서 필자가 느끼는 것은 그 분은 운동으로 자신의 건강을 유지시키며 쓰레기를 주우며 봉사의 기쁨을 누리는 아름다운 삶임을 직감할 수 있었다.

1992년 대우중공업 사외보인 "대우광장(4월호)"에 실린 필자의 글 (제목: 젊은이도 한번 해보게나)을 소개하면서 독자들과 공감하고자 한다.

주말이 되면 찌들린 도심지를 벗어나 가까운 시골집에 간다. 뭐니뭐니해도 시골에서 풍기는 상쾌한 향내가 일주일동안 쌓인 스트레스를 말끔히 풀어주는 것이 생활의 활력소가 되는 것 같다. 아침일찍 시골뒷산에 올라 "야호"를 부르고 맑은 공기를 마시면서 약수터로 향해 달리는 기분은 경험하지 못한 사람들은 모를 것이다. 정상을 오르내리고 꾸불꾸불한 오솔길을 따라 한참 달리다보면 산너머에서 메아리쳐 오는 사람들의 목소리가 마치 음악을 연주하듯 달콤하게 들려온다. 이때 나도 사람들의 목소리에 장단을 맞추듯이 "야호"를 힘차게 불러본다. 쉬지않고 능선을 타고 약수터를 내려오면 남녀노소할 것 없이 조그맣게 마련된 체육시설을 이용하여 마음껏 즐기는 모습을 볼 수가 있고, 백발이 성성한 할아버지의 모습은 나자신의 건강에 대해서 한번쯤 생각하게 한다. 할아버지께서는 가쁜 숨을 몰아쉬면서 턱걸이를 하고 계셨다. 이때 내가 한참동안 물끄러미 바라다 보고 있노라니 할아버지께서는 **"젊은이도 한번 해 보게나. 밝은 마음과 올바른 정신을 갖기 위해서는 건강한 몸이 유지되어야 하네"** 라는 말씀을 여러번 강조하셨다. 고령인데도 불구하고 건강한 삶을 사시는 할아버지의 모습을 보면서 한창 일을 해야

할 내 나이가 조금은 부끄러웠고, 건강에 대한 새로운 의미를 깨닫게 되었다.

6. 산에 올라가 대자연의 맛을 느껴라

  필자는 직장에서 교회에서 혹은 삼삼오오 짝을 지어 아니면 혼자서 자주 산에 올라가는 것이 습관화되었다. 어떤 사람들은 왜 힘들게 산에 올라가냐고 묻는다. 그러한 사람들은 산에 올라가 대자연의 신비로운 맛을 느끼지 못했기 때문일 것이다. 건강한 삶을 누리는 분들을 유심히 살펴보면 산을 좋아한다. 아침부터 부지런히 자기집 뒷동산으로 발길을 움직이고 동네 산악회에 열심히 참가하면서 자신의 건강을 유지하는 분들을 자주 만난다. 그 분들은 한결같이 건강하고 밝은 마음을 가지고 있다. 필자가 알고 있는 분들 중에서 매우 건강한 분이 계신다. 그 분은 일흔살이 넘으신 분이고, 젊은 시절부터 매일같이 술을 입에 달고 살았다고 한다. 그런데도 자기관리를 철저하게 지켜 지금까지 건강하게 살고 계신다는 이야기를 들을 수 있었다. 더욱이, 최근에 중풍이 와서 몸은 약간 불편하지만 자기관리를 운동으로 철저하게 지키기 때문에 건강한 삶을 유지하고 있는 것이다.

그 분의 운동철학은 그야말로 간단하고도 간단하다. 항상 움직이고 또 움직이는 것이다. 매일같이 아침부터 그저 정원을 산책하는 것이고, 밭일을 마다하지 않는 것이다. 자가용은 철저하게 배제하고 한두시간되는 거리의 밭까지 버스를 타고, 그 후 걸어서 비탈길을 수십분동안 올라가신다고 한다. 그 분은 이제는 좋아하는 약주를 모두 끊고 건강한 삶을 유지하기 위하여 스스로 노력하고 계신다. 사모님도 남편의 건강을 위하여 철저하게 도와주신다. 그 분집에서 식사를 한적이 있는데 철저한 웰빙식단을 준비해 주신다. 조미료는 절대로 사용하지 않고 직접 밭에서 농사를 진 것과 혹은 들에 나가 직접 채취한 나물들을 위주로 식사를 준비하는 것이다. 어느날 그 분 집을 들렀을때 필자에게 넌지시 자신의 건강유지법을 공개하여 주었다. 그것은 젊은 시절부터 산악회에 가입하여 전국의 방방곳곳 산이란 산은 모두 돌아다닌 꼼꼼히 스크랩한 이력을 필자에게 보여주시면서 건강하기 위해서는 자신의 노력을 아끼지말라는 말씀이 잊을 수가 없다.

  필자의 경우는 그 분과 같이 산악회에 가입하여 산을 즐기는 전문 산악인은 아니지만 시간이 허락하는 데로 인근의 산을 올라가곤 한다. 600-700미터의 산도 낮은 것처럼 보이나 산으로 나있는 길이 어떻게 되어있는가에 따라 등산하는 시간이 확연히 다르다. 한 번은 다른 분들과 함께 학교근처의 산을 등반하게 되었다. 초가을이라서 낙엽들로 인하여 나아있는 길을 잘 알 수가 없었고, 때로는 가파르고 꾸불꾸불하여 매우 힘이 들 때도 있었다. 우리는 약 3시간에 걸쳐 산 정상에 올라갔고, 정상에서 내려다보이는 산아래의 경치는 말로 표현할 수 없을 정도로 아름다웠다. 얼굴에 송글송글 맺힌 땀을 닦으며 물 한 잔을 마시는 그 기분은 이루다 말할 수가 없었다.

  산아래로 펼쳐지는 대자연의 장관을 만끽하다보면 내 마음 속에 싸여있던 묵은 체증이 순식간에 날아가 버리는 기분을 느끼게 된다. 그와 동시에 지금까지 내가 살아왔던 잘못된 부분들을 반성하게 되고 새로운 기분으로 삶을 충전하게 되었다.

  산을 오랫동안 등반하다보면 과거에 자신에게 일어난 모든 것들이 떠오르게 되고, 자신의 잘못을 하나씩 반성하게 된다.

대자연의 위대한 힘앞에서는 자신의 존재가 얼마나 초라한 것임을 깨닫게 되고 자신의 생각을 원론적인 것부터 계획하게 된다.

  필자의 경우는 등산을 통하여 생활의 아이디어를 얻는 일이 자주 있기 때문에 시간이 날 때마다 등산을 마다하지 않는다. 건강한 삶을 유지하는 방법은 수없이 많고 다양하다. 그렇지만 실상은 어려운 운동방법으로 하다가 포기하는 경우가 허다하다. 필자가 여러번 강조하지만 자연속에서 일어나는 단순한 건강유지 방법을 찾는데 노력하여야 한다. 이러한 방법들이 여러분의 건강을 지켜줄 것이다.

7. 허파가 터지도록 간이 빠지도록 뛰어보아라

　사람들마다 다양한 방법으로 건강을 지키려 노력하고 있다. 아파트주변에서도 흔히 볼 수 있는 장면으로 부부끼리 혹은 삼삼오오 짝을 지어 가볍게 운동하는 모습이 너무나도 아름다워 보인다. 특히, 뛰면서 운동하는 모습은 더욱 멋져 보인다. 필자의 경우도 이제는 규칙적으로 뛰지않으면 몸에서 신호가 온다. 나도 중년의 나이에 들어서 똥배나오는 것이 무척이나 신경이 쓰인다. 아내가 때때로 나의 모습을 보고서는 "이제 똥배 아저씨가 되었구만" 말하고 나서 씩 웃는다. 사실, 뛴다고 해도 이렇게 배가 나오는 것은 극복하기 힘듦을 느낄 수 있었다. 여기서 나는 욕심을 부리고 싶지 않다. 약간의 똥배는 어쩔 수 없지만 튼튼한 심장과 건강한 혈관을 계속 가지고 싶고 죽을 때까지 유지하고 싶다.

규칙적인 운동습관은 고등학교 시절로 거슬러 올라간다. 그때만 해도 체육시간이 매우 즐거웠고, 단축 마라톤도 가끔씩 하였다. 나는 기억이 생생하다. 고등학교 시절 젊은 패기만으로 16km를 무모하게 뛰었던 적이 있다. 누구는 42.195km을 뛰면서 고작 16km는 단숨에 뛸 수 있다는 무모한 생각으로 뛰었던 것이다. 처음 4km 정도는 가볍게 뛸 수 있었지만은 시간이 지날 수록 심장이 두근거리고 허파가 터질 듯한 괴로움에 참을 수가 없었다. 그렇지만 중간에 포기할 수가 없었다. 왜냐하면 나의 자존심이 허락지 않았고, 주변에서 응원하는 학생들에게 포기하는 모습을 보여주기가 싫었다. 10km 쯤에서는 왜 이런 생고생을 할까? 라는 후회감이 교차하였다.

그러나, 모든 것을 잊고 뛰고 또 뛰었다. 심장과 허파가 터질 것만 같았다. **16km를 완주하고나서 얻은 결과는 "무모한 도전은 실패하기 쉽다" 라는 것과 계획성 있는 도전이 필요함을 알게 되었다.**

이제 나에게는 오래달리기에 익숙해져, 오래달리지 않으면 잠을 자는 것에 힘겨움을 느낀다. 그리고, 심장이 답답함을 느껴 하루가 불쾌함을 경험하곤 하였다.

나는 마라톤 경기를 지켜보는 것이 흥미롭다. 선수들마다 뛰는 주법이 조금씩 다르고 해설자의 멘트도 재미가 있다. 필자가 마라톤에 흥미를 가지고 있는 것은 극한을 느끼는 운동이기 때문이다. 1992년 바로셀로나에서 열린 올림픽에서 금메달을 획득한 몬주익의 영웅 자랑스런 한국인 황영조 선수를 잊을 수가 없다. 그의 경기모습이 눈에 훤하다. 처음부터 끝까지 선두 그룹을 유지했지만 금메달을 획득할 것이라는 생각은 쉽게 할 수가 없었다. 왜냐하면 쟁쟁한 마라토너들이 함께 뛰고 있었기 때문이었다. 그러나, 막판레이스에서 깜짝 놀랄 장면을 볼 수 있었다. 황영조선수가 뒷심을 발휘하여 1등을 제치고, 몬주익 경기장의 테이프를 끊는 감동적인 드라마를 연출하였다.

스트레스를 해소하는 방법은 다양한 방법이 있다. 여기서, 필자가 추천하고 싶은 것은 마라톤을 추천하고 싶다. 단지, 무모한 마라톤은 주의하기 바란다. 계획성없는 마라톤은 건강을 오히려 해치기가 쉽기 때문이다.

필자가 경험했던 마라톤의 장점을 몇가지 이야기하고 싶다. **첫 번째로** 건강에 절대적으로 도움이 된다. 근육, 심장이 튼튼해지고 콜레스테롤 수치를 낮춰준다. 또한, 눈이 맑아짐을 느낀다. 특히, 몸매유지에 최고의 운동임을 느낀다. **두 번째로** 생활에 활력소인 지구력을 길러준다. 나의 직업은 연구실에 다소곳이 앉아서 장시간 글을 작성하는 경우가 많은데, 이러한 것들을 쉬지 않고 마무리 짓는 경우가 많이 있다. **세 번째로** 새로운 아이디어를 만들어낸다. 장시간 뛰다보면 많은 일들이 생각나고 잘못된 일들이 먼저 떠오른다. 그 일을 어떻게 처리할지를 스스로 묻고 답을 찾아내는 시간을 가지게 된다. 특히, 앞으로의 계획에 대한 일과표를 세우게 된다. **네 번째로** 정신적인 안정감을 찾아준다. 나의 성격은 때때로 일에 대하여 급하게 처리하려는 성격을 가지고 있다. 다시말해 일에 대하여 미리 걱정을 앞세우는 좋지 않은 경우가 있는데 마라톤을 통하여 그것을 반성해 보고 여유를 가지며 일을 하려고 한다. **다섯 번째로** 정직함을 길러준다. 마라톤은 값진 땀의 댓가를 제공하는 운동이다. 땀을 흘린만큼 얻을 수 있는 운동 중 최고의 꽃이라 생각한다. 그래서 마라톤의 우승자에게는 월계관을 씌워주지 않는가? 말이다.

한 여름에 마을 주변을 1시간 이상 뛰다보면 온 몸이 땀으로 뒤범벅되지만 운동후의 그 시원함과 즐거움은 이루 말 할 수가 없다.

 아름다운 삶은 때때로 변화를 주는 것이다. 우리가 살면서 평범하게 사는 것은 무미건조할 수가 있다. 극한의 삶을 우리의 무미건조한 삶에 대입시키면 즐거운 삶을 만들 수가 있다는 것을 이러한 오래달리기를 통하여 경험할 수 있었다. 한번쯤 삶이 재미없거나 건조하다면 아무생각없이 허파가 터지도록 간이 빠지도록 뛰어보아라. 인생의 의미를 다시 되찾을 것이다.

8. 자신이 요리사가 되어보아라

 요리는 전문 요리사가만이 즐기는 것이 아니다. 평범한 주부도 요리에 취미없는 평범한 남자도 요리를 즐길 수가 있음을 알아야한다. 예전에는 특별한 분들만이 요리를 즐기는 경우가 많았고, 매우 제한적으로 요리를 즐겨야 했다. 그러나, 요즈음은 조금만 신경을 쓴다면 자신만의 독특한 요리를 만들어 낼 수가 있고, 그 요리의 종류도 다양해서 쉽게 맛있는 음식을 준비할 수가 있게 되었다.

 필자의 경우는 유학시절에 자신만의 독특한 음식을 만들어 먹었던 기억이 난다.

 3년동안 혼자 살면서 영양가를 고려한 음식을 만들어 먹지 않으면 기나긴 유학생활을 견디어낼 수가 없었다. 그리고, 경제적인 면과 시간적인 면을 고려하여 음식을 만들어 먹어야만 하였기에 전문 요리사의 수준은 아니었지만 영양만점의 음식을 준비하여 먹곤 하였다. 가장 대표적인 음식은 낫또(삶은 콩을 발효시킨 음식)를 이용하여 쉽게 만드는 음식이다. 필자의 경우는 짧은 시간의 준비, 영양가있는 음식 및 경제적인 음식의 삼박자를 고려하여 음식을 준비하였다. 레시피는 간단하다. 평범한 밥, 낫또 하나, 생달걀, 김 그리고 김치다. 이것으로 기나긴 그리고 고된 유학생활에서 영양을 유지시켜준 레시피로 기억한다. 낫또는 콩을 발효시킨 음식이라서 섬유소, 단백질 및 무기물이 듬뿍 들어있는 최고의 음식이다. 여기에 생달걀을 풀어먹으면 부드러운 맛을 유지시켜줌과 동시에 단백질 보충에는 최고인 것 같다. 더욱이, 일본 김을 싸서 먹으면 더욱 감칠 맛을 내게 만들어 준다. 때때로, 이 낫또는 된장찌개를 만드는데 유용하게 이용된다. 한국식으로 된장찌개를 준비하는데는 많은 기본 양념이 준비되어야 한다. 그러나, 유학생활에서는 그러한 준비된 레시피는 상상할 수가 없다. 우선은 맛도 중요하지만 영양을 고려하고 시간적, 경제적인 여유를 생각해야 한다. 그래서, 낫또기 된장대신에 이용되는 것이다. 된장찌개의 준비는 복잡하지가 않다. 신 김치에 낫또 2개, 양파 그리고 약간의 소금이다. 이것으로 훌륭한 찌개가 만들어지는 것이다. 지금도 가끔씩 요리하는 것을 즐겨한다.

음식을 만들다 보면 가족의 건강을 생각하고 웰빙식단을 만들려고 노력한다. 여기서 작은 행복을 맛볼 수가 있고, 가족과의 화합도 도모할 수가 있는 것이다. 또한, 음식을 준비하다보면 설거지를 하는 경우가 종종 있게 된다. 이러한 것들이 가족과의 끈끈한 사랑을 채워나가는 기본적인 방법중의 하나임을 깨닫게 되었다. 건강과 행복을 먼 곳에서 찾는 것보다 주방에서의 음식준비를 통하여 찾는 것이 매우 현명한 길임을 알게 되었다.

필자의 경우는 가끔씩 텔레비전에서 나오는 요리프로그램에 빠져버리곤 한다. 그 중에 하나를 소개하면 "꿀마늘"을 만드는 것이다. 꿀마늘은 만드는 법도 매우 단순하지만 항암력을 키워주는 탁월한 음식인 것이다. 단순히 생마늘을 꿀속에 넣어 3개월 이상 음달에 보관하면 그것으로 땡이다. 필자는 만들어 놓은 꿀마늘을 여러해에 걸쳐서 조금씩 먹고 있다. 항암력뿐만아니라 스태미나 효과에 최고의 음식인 것 같다. 꿀마늘은 약간 달콤하면서 부드러운 맛이 난다. 그리고, 이것을 약간 덜어서 뜨거운 물을 부으면 "꿀마늘차"가 만들어진다. 가끔씩 피로에 지쳐있을 때 이 꿀마늘차를 마시면 하루의 피로를 말끔히 풀어낼 수가 있는 것이다.

    요리라는 것을 너무나 거창하게 생각하다보면 아무것도 만들어 낼 수가 없고, 새로운 요리에 대한 아이디어도 전혀 나올 수가 없는 것이다. 우선은 자신의 집안에 있는 재료를 가지고 준비하려고 하는 노력이 필요하다. 필자의 경우처럼 몇가지의 재료만을 가지고 맛과 영양을 고려한 레시피를 준비해야 한다. 거듭 강조하지만 복잡하고 어렵게 생각해서는 안된다. 단순하고 단순한 레시피를 준비해야 한다. 그렇게 해야 요리에 취미를 붙일 수가 있는 것이다. 집안에서 아빠가 요리하는 모습이 여러분의 자녀를 감동시켜 줄 것이며 자녀와의 친밀함과 아내와의 사랑을 싹트게 만들어 줄 것이다. **자신이 요리사가 되어보아라. 집안에 건강과 행복을 가져다 줄 것이다.**

9. 시시한 취미라도 가지라

　요즈음 삶의 질이 많이 높아져 있고, 헤아릴 수도 없는 다양한 취미들이 우리주변에 펼쳐 있다. 먹고 살기에 급급했던 시절에는 취미라는 것이 매우 한정되어 있었고, 그것을 하려고해도 경제적인 사정과 시간적인 제약을 받았다. 이제는 조금만 관심을 가지고 있으면 자신의 취미를 충분히 발휘할 수 있는 풍요로운 시대가 도래한 것이다. 특히, 정보화 시대를 맞이하고 있는 우리들은 인터넷 검색을 통하여 하고싶은 취미활동을 쉽게 찾아서 할 수가 있게 되었다. 그리고, 지방자치활동이 잘 이루어져 있어 조금만 수고하여 관심을 갖는다면 자신의 소질을 마음껏 펼칠 수 있게 되었다.

　신체의 건강도 중요하지만 정신적으로 건강한 요소가 부합

되지 않으면 건강한 사람이라고 할 수 없다. 요즈음은 오히려 정신적으로 건강한 요소가 더욱 더 그 비중이 커지고 있고, 이러한 보이지 않는 무형의 건강에 중요한 관심을 가지고 있다. 정신적으로 건강하게 만드는 취미는 어떤 것이 있을까? 흔히 말하는 영화관람, 미술관람, 명상, 노래, 악기연주, 낙서, 요리, 낚시, 독서, 여행, 등등.... 헤아릴 수 없을 만큼 많을 것이다.

필자의 경우는 우표를 모으는 취미를 가지고 있다. 30년전부터 취미를 가지고 있는 것 같다. 처음 우표를 모으기 시작했던 때에는 새 우표가 나오는 날에 아침 일찍 우체국앞에서 줄을 섰던 기억이 새록새록 난다. 그 우표를 받자마자 하나씩 살펴보면서 우표첩에 배열하는 재미가 있었다. 요즈음 그러한 재미는 사라진지 오래되어 조금은 안타깝다. 지금은 간편한 취미우편으로 편안하게 받다보니 좋은 점도 있지만, 하나씩 펼쳐가면서 배열하는 재미는 사라져버렸다.

이제는 나의 우표취미의 범위와 방법이 달라졌다. 정기적으로 받아보는 국내의 우표는 짜릿한 재미를 못느끼고 있어 우표수집의 범위를 넓히게 되었다. 그렇게 된 이유는 일본에서 유학생활을 할 때 우연하게 접하게되었던 일본우표때문이었다.

한국의 우표에서 느끼지못했던 색감의 다양성, 독특한 디자인, 다른 문화의 차이점 등을 인식했던 것이다. 그리고나서 세계우표를 모으는 취미로 범위가 넓어졌다. 나는 국외여행을 할 때마다 맨 처음으로 하는 일이 있다. 우체국을 찾는 일이다. 우체국을 찾지 못하면 다음 여행을 제대로 할 수 없는 습관아닌 습관으로 변해버렸다.

한번은 학생들과의 졸업여행으로 태국을 패키지관광을 하게 되었다. 사실, 패키지관광을 하다보면 개인적인 시간을 가지기가 매우 힘들고, 단체여행의 시간표대로 움직여야 했다. 단체여행의 안내선생님에게 우표를 사기위해 시간을 잠시 내어줄 수 있느냐는 부탁에 개인적인 행동은 매우 힘들다는 말을 해주었다. 어느날, 운이 좋게도 방콕시내를 머물렀고, 아침시간에 약간의 자유시간을 가지게 되었다. 그 막간의 시간을 이용하여 시내 우체국을 찾아 헤메다가 걷다가 뛰고 물어보면서 결국에는 내가 바라는 우표를 손에 쥐었을 때 작은 기쁨을 느끼게 되었다.

그리고 미국여행을 할 때의 일이다. 그때도 역시 우표사는 것이 나의 주요한 목표였다. 나 혼자여행하는 것이 아니었기 때문에 좀처럼 개인적인 시간을 내기가 힘이 들었다. 미루고 미루다 한국으로 귀국하는 당일 날 공항에 가서 우표를 사기로 마음먹었다. 나는 당연히 국제공항에는 우체국이 있을 것이라는 확신을 가지고 있었다. 왜냐하면, 인천국제공항에도 큰 우체국이 있었기 때문이다. 시애틀국제공항에 도착하자마자 우체국을 찾아보았다. 우체국은 좀처럼 보이지가 않아서 주위 사람들에게 물으니 우체국은 없고 우편함만이 있다는 것이 아닌가? Huh! Huh! 이런 큰 국제공항에 우체국이 없다니 말이다. 도무지 이해할 수가 없었다. 이것이 바로 실용주의를 표방하는 미국인가....

이제는 우표를 모으는 방법을 달리하고 있다. 외국으로 잠시 여행하거나 출장으로 다녀오는 지인들에게 어렵게나마 부탁을 한다. 여러나라의 우표를 모으다보니 나라마다의 독특한 문화를 배울 수 있고, 흥미로움을 가져다 준다. 향기나는 우표, 홀로그램을 이용한 우표, 기하학을 가미한 우표 등 나라마다의 독특한 형태에 감탄할 때가 많이 있다.

나는 우표취미를 통하여 새로운 꿈을 계획하고 있다. 그것은 나만이 독특하게 만들어 내는 "세계우표취미관"이다. 물론 많은 개인적인 예산이 확보되지 않으면 실현가능성이 희박하다고 생각한다. 하지만, 그러한 꿈을 지금 접기에는 너무나 허무하다. 그러한 꿈을 포지하지않고 계속하여 간직하고 싶다. 어느 누가 말했는가? **새로운 꿈은 새로운 미래를 주며 새로운 도전을 주는 것이라고**

    시시한 취미라도 좋으니 가져보아라 새로운 꿈이 보일 것이다. 예를 들어, 낙서, 시시하게 보이지만 새로운 미래가 들어있을 것이다.

10. 머리 터질 것 같으면 무조건 떠나라

앞서 이야기했다시피 나는 주로 연구실에 앉아 장시간 업무를 보거나 논문을 쓰는 경우가 종종 있다. 그러다보면, 엉덩이가 무거워짐을 느끼게 된다. 동시에 머리가 매우 무거워짐을 느낀다. 이것은 바로 좋지않은 신호임을 직감하게 된다. 그 즉시 나는 의자를 박차고 우선 밖으로 나가 버린다. 이때 나는 아무생각이 없다. 그저 나갈 뿐이다. 나가서 잠시 먼 하늘과 먼 산을 바라다보면 그 무거웠던 머리가 가벼워짐을 느낀다.

언젠가 나는 학생으로부터 전화를 받게 되었다. 어머니와의 대화가 잘 풀리지않는다는 내용이었다. 여행을 가고싶은데 어머니께서는 걱정스러워 반대의 입장을 가지고 있는 것 같았다. 나는 수년동안 그 학생을 보아왔기 때문에 그 학생의 말을 믿고 싶었다. 오랜만에 친구들끼리 여행가는 것이 소원인 것 같았다. 나는 그 학생에게 힘을 실어 주었다. 친구들끼리 같이 여행을 떠나 즐거운 세상을 만끽하고 멋있는 추억거리와 새로운 모습으로 돌아오도록 충고해 주었다.

요즈음, 경쟁사회의 구도속에 있다보니 여유로운 시간을 갖지못하는 경우가 허다하다. 특히, 학생들을 대하다보면 그러한 느낌을 자주 받는다. 대학 1학년 학생의 경우 고등학교에서 하지 못했던 자유의 시간을 만끽하려 하지만 대학에 들어와 생활하다보면 어려운 취업의 관문이 학생들을 초조하게 만든다.

어느 학생은 전화상으로 나와 긴 대화를 나누었다. 이야기의 골자는 해야 할 일들은 많은데, 잘 이루어지지않는 자신이 안타깝고 초조하여 나에게 전화를 걸어 그 해답을 찾으려고 하는 것 같았다. 그 학생에게 초조함을 잊도록 하나의 가깝고 이룰 수 있는 작은 목표를 설정하여 꾸준히 인내하며 행동으로 옮기도록 격려해 주었다. 더불어 잠시 주말을 이용하여 가까운 곳으로 짧은 여행을 통하여 마음을 가다듬고 신선한 공기와 푸른 자연을 되돌아 보도록 충고해 주었다.

어떤 목표를 향해 끈질기게 나아가는 모습도 중요하겠지만 때때로 한숨을 돌려 자신이 왔던 길을 되돌아 볼 수 있는 여유로움도 꼭 필요한 것이다. 필자는 대학에 있으면서 여러 가지 사건을 듣곤 한다. 대학이나 연구기관에 근무하는 과학자 중에는 일에 전념하는 과정에서 과로로 쓰러지거나 돌연사하는 경우를 이따금씩 듣곤 하였다. 사실, 일에 몰입하다 보면 건강은 어느새 뒷전에 놓이게 마련이다. 이러한 이유로 과로사로 운명을 달리하는 경우가 일어나는 것이다. 이것은 어쩔 수 없이 일어나는 것이 아닌가? 라는 체념적인 생각으로 대하는 것은 위험스러운 일이 될 수가 있는 것이다.

모든 생각을 타인을 기준으로 생각하지 말고 자신을 기준으로 생각해야 됨을 깨닫게 된다. 그리고, 모든 생활에는 보이지 않는 리듬이 있는 것 같다. 이러한 생활 리듬에 맞추어 사는 사람이 현명함을 느끼게 된다. 다시말해, 산에는 마루가 있으면 골이 존재한다. 우리의 생활도 마루와 골이 있는 자연스러운 산처럼 긴장과 여유로움을 골고루 가져야 한다. 이러한 것이 평범한 생활 리듬인 것이다. 필자의 경우 평소에 생활리듬에 맞추어 삶을 누리는 사람이 현명한 것 같다. 연구실에 있다 보면 가끔씩 옆에 계신 원로교수님께서 방문하셔서 바람 쏘이러 밖에 나가자는 제의를 하신다. 그때, 나는 대부분 반대한 적이 없다. 왜냐하면, 잠시 모든 일을 접어두고 단순한 자연으로 돌아가 맑은 공기를 마시며 마음을 가다듬고 재충전할 수 있는 절호의 기회이기 때문이다. 이러한 기회를 주시는 교수님께 마음속으로 감사를 드린다. 우리는 바쁜 삶을 살다보면 자신의 건강을 해치는 경우가 종종 있다. 일에 쫓기어 혹은 일에 미쳐서 건강은 뒷전에 놓이게 되는 것이다. 이러한 경우는 매우 위험한 단계라고 생각된다. 머리가 터질 것 같으면 잠시나마 모든 일을 잊고 밖으로 나가 대자연의 맛을 느끼는 현명함을 가져야 하겠다. 머리가 터질 것 같으면 조건없이 떠나라.

2장

교육적인 삶으로

1. 필사적으로 노력하며 인내하라

　나는 6년동안 일본에서의 유학생활을 이야기하고 싶다. 늦은 나이에 공부를 하겠다는 열망을 가지며 유학길에 올랐다. 사실, 내가 유학할때만 해도 유학에 대한 분위기는 그다지 좋지 않은 상태였고 집안의 반대도 만만치 않았다. 그 이유는 결혼한 상태였고, 충분히 국내에서도 박사학위과정을 마칠수 있는 상황이였기 때문이었다. 더욱이, 좋은 직장을 퇴직하고 일부러 사서 고생하지말라는 친척들의 권유도 있었다. 그때, 나는 나의 머리속에 스쳐지나가는 유학에 대한 푸른 꿈이 숨쉬고 있었고 새로 시작하는 마음으로 떠나서 공부에만 집중할 수 있는 생각만을 가지고 있었다. 이때가 아니면, 나의 푸른 꿈이 영영 사라질것만 같았다. 사실, 아내의 승낙이 없었더라면 나는 유학의 꿈은 접었을 것이다. 유학생활에서 큰 문제가 생길때마다 아내가 나의 버팀목이 되어주었다.

  길고 긴 유학생활이 시작되었다. 나의 전공은 실험에 의해서 결과를 내는 학문이라서 아침부터 저녁 늦게까지 실험실안에서 실험기구들과 씨름하게 되었다. 밤을 새면서까지 실험한 적이 헤아릴수 없을 만큼 많았다. 사실, 이때는 건강에 대한 생각은 도저히 생각할 수 없었고, 오로지 실험결과에 초점을 맞추며 하루 하루를 보내야만 했다.

  유학 초기는 영어와 일본어를 동시에 사용해야 했기 때문에 이중부담을 앉고 생활해야만 했다. 집에 돌아오는 시간에는 거의 초죽음이 되어 돌아왔지만 아내가 나의 피곤함을 씻어주곤 하였다. 아내의 존재가 얼마나 중요한 것인가를 몸소 체험하게 되었다. 나의 지도교수는 나의 실험 일거수일투족을 살피면서 하루 하루의 결과에 대해 토론하는 시간이 자주있었다. 이때 나의 외국어상황은 일본어보다 영어실력이 좋은 상황이라서 영어로 토론하게 되었는데, 서로의 미묘한 이야기는 매우 어렵게 이해하곤 하였다. 나의 경우는 항상 긴장의 연속이었고, 연속된 실험결과에 대한 스트레스로 인해 위장염까지 걸린 최악의 건강상태에까지 이르렀다. 이러한 상황을 지도교수에게 이야기한다는 것이 실험을 피하려고하는 핑계거리로 생각되었기 때문에 냉가슴 앓듯 나만의 가슴속으로 묻어야만 했다. 이럴때면 나는 항상 유학을 갈망했던 초기의 꿈을 생각하며 모든 어려움을 이길수가 있었다. 거의 매일 아침마다 실험결과에 대해 선생님과의 토론이 시작되면 2시간이 넘도록 하게 되었고, 목이 말라 물을 마셔가며 토론하는 것도 헤아릴 수가 없었다. 이러한 선생님과의 연속적인 토론 속에서 나는 강한 인내심을 자연스럽게 가질 수가 있었다. 나의 선생님은 평소에는 매우 친절하고 상냥하지만은 실험토론 중에는 빈틈이 없을 정도로 냉철하게 토론에 임하기 때문에 나는 긴장의 끈을 놓을 수가 없었다.

실험할 때마다 실험노트를 기록하는데 철저하고 상세하게 기록하지 않으면 나중에 같은 실험을 하는데 있어 곤욕을 치루는 것이 다반사였다. 유학을 마칠 때까지 실험노트만해도 20권이 넘을 정도로 많은 양의 실험을 하였다. 실험을 하는 데 있어서 반복실험은 자주 있었고, 의미없는 실험도 가끔씩 나타났다. 나는 지금까지 잊을 수 없는 실험이 있다. 나로써는 어려운 실험을 하게 되었는데, 선생님은 그다지 어렵지 않다는 말로 계속 될 때까지 시도해보라고 하였다. 성공하겠다는 일념으로 묵묵히 실험을 하였지만은 도무지 진행될 수 없는 실험만이 계속되었다. 선생님과 실험결과에 대해 토론할 때마다 모든 것이 나의 능력부족으로 결론이 나곤 하였다. 나로서는 참으로 답답하고 바보스러운 짓을 왜 하는가에 반문을 하면서 약 6개월동안 그 실험에만 전념하였다.

  지성이면 감천이라고 우연히 관련된 다른 논문을 찾아보다가 그 문제를 해결할 수 있는 실마리를 알게 되었다. 나는 너무 기뻐서 곧바로 실험에 옮겨 모든 문제를 해결한 후 선생님께 그 결과를 보여드렸더니 선생님께서는 그러한 실험은 상식적으로 풀 수 있는 실험이 아니냐는 반문을 하시면서 그 다음 실험을 계속 하라는 말씀을 하였다. 나는 순간적으로 눈물이 핑 돌았고, 그렇게 가볍게 이야기할 수 있는가라는 생각을 하면서 선생님이 미워졌다. 그래도 어찌할 수 없는 일이 아닌가라는 생각으로 체념을 할 수 밖에 없었다. **그렇지만 그것을 긍정적인 마음으로 풀어버리려 노력하였고, 모든 것을 잊고 오로지 실험을 성공하고 논문을 작성하는 일에만 전념하니 모든 괴로**

움을 쉽게 날려버릴 수 있었다.

여러 가지 문제들이 박사학위를 받는 날까지 헤아릴 수 없이 계속되었다. 선생님께서는 나의 일거수 일투족을 살피면서 나의 모든 능력을 점검하였다. 소위 우리대학에서 박사학위를 받으려면 자신(지도교수)에게 인정받지 못하면 자격이 없다는 말씀으로 나의 행동 하나하나를 점검하는 것이었다. 이때 나도 선생님과의 오랜 인연에 모든 괴로움을 즐거움으로 바꿀 수 있는 오기가 생기곤 하였다. 사실, 한국 깡다귀가 생겨났고, 일본에서의 모든 일을 슬기롭게 처리하고 싶었다. 오래 참는 인내심은 나에게는 항상 가지고 있어 선생님과의 기싸움이 시작되었다. 여기서 지면 모든 것이 끝장이기 때문에 참고 참고 또 참았다. 아침 7시부터 저녁 12시까지 오로지 집과 학교만을 오고 가고 하면서 실험에만 집중하였다.

길고 긴 6년간의 시간이 흘러갔고, 선생님은 박사학위심사를 받으라는 한마디 말씀을 듣는 순간 어찌나 기쁜지 밤을 새워가면서 발표준비를 하였다. 발표심사 전까지의 과정도 순간순간 대단히 괴로웠다. 매일 발표할 자료 및 발표할 이야기까지 꼼꼼히 확인하여 주셨고 부족한 일본어를 구사해야 하기 때문에 일본어 문장까지도 점검해 주셨다. 발표심사를 받는 날까지 내가 어떻게 발표자료를 준비했는지 모를 정도로 밤을 새워가며 준비하여 심사를 끝냈다. 심사위원으로부터 여러 가지로 지적을 받고 수정을 받는 과정도 만만치가 않았다. 선생님의 따끔한 지적사항도 거침없이 계속 되었다. 때때로 눈물이 날 정도로 따가운 질문도 헤아릴 수 없이 계속 되었고, 선생님과의 토론이 빨리 끝나기만을 소원한 적도 한 두번이 아니었다. 선생님과의 토론시간에는 지옥문에 들어와 심판을 받는 그러한 지루한 시간이었다. 그렇지만, 나의 인내와 노력으로 그러한 어려움을 이겨낼 수 있었고, 학위심사에 대한 합격을 선생님으로부터 들을 수 있었다. 그 때 선생님은 잠시 나를 연구실로 부르셨다. 만면에 약간의 미소를 지으며 나를 앉게 하였고, "힛시니 얏다네(필사적으로 해냈군)" 라고 한마디를 던지셨다. 선생님의 그 한 말씀으로 지금까지 내가 고생했던 모든 일들을 잊을 수가 있었다. 고등학교 교과서에 이러한 말이 있음을 우연히 알게 되었다. "Effort plus Patience Equals Results (**노력과 인내는 결과를 낳는다**)"

2. 명사의 강연에 귀를 쫑긋 세워라

　백문이 불여일견이란 말이 있다. 이 말보다 더 중요한 것이 있다. 그것은 수고스러움을 아끼지않고 직접 가서 보고 들어보라는 것이다. 요즈음, 인터넷의 홍수속에 살고 있는 우리들은 정보기술(informational technology)의 편리함에 빠져 있어서 책상머리에 앉아 인터넷으로 쉽게 해결하려는 경향이 있다. 사실, 무엇인가 하나를 얻기 위해서는 엉덩이를 의자에서 떨어지려는 습관을 길러야 하겠다.

　예전에 대학원에서 일어났던 일이다. 사언과학을 전공으로 하는 친구인데 주로 말이 많은 습관을 가지고 있었다. 어느날, 교수님이 현재의 실험에 대한 진행상황을 물었는데 자신의 실험상황을 말로써 조리있게 설명하는 것이었다. 그렇지만, 결국에 실제 실험에 대한 결과를 보여달라는 교수님의 말씀에 그 친구의 말이 어느정도 거짓말임이 들통이 났고, 교수님은 자리에 앉아서 실험을 하는 학생이 어디에 있느냐는 말씀을 하시면서 심하게 혼이 났던 친구의 모습이 떠올랐다. 필자의 경우도 자연과학을 전공으로 하는 사람이라서 실험을 할 때면 거의 자리에 앉은 적이 없었고, 여기저기 옮겨다니며 실험을 해야만 했다. 하나의 좋은 실험결과를 내기 위해서는 손과 발을 동분서주하며 움직일 수 밖에 없음을 잘 알고 있다. 그러한 수고스러운 땀방울이 없이는 결코 좋은 결과가 나올 리가 없는 것이다. 필자의 경우 어쩌면 명사의 강연참석으로 인하여 "현재의 나"가 만들어졌는지 모른다.

  석사과정으로 대학원을 마치고 연구소에서 근무할 때의 일이다. 어느날 실장님께서 서울에서 노벨화학상 수상자인 J.M.Lehn 교수의 초청강연이 있는데 참석하자는 말씀을 하셨다. 사실, 그때는 나의 연구실험이 매우 바쁘게 돌아갔고, 해야 할 일들이 산적해 있어서 가고 싶은 생각이 없었지만은 노벨상 수상자를 만날 수 있는 절호의 기회였기 때문에 시간을 내서 올라가게 되었다. 특히, Lehn 교수의 연구 주제에 관심이 있었던 나는 그 강연을 동경했는지 모르겠다. 강연장에 들어갔을 때는 앉을 자리가 하나도 없었고 뒤쪽의 여유공간도 사람들로 꽉 차 있었다. 모두 1시간에 걸친 강연에 집중하였고, 질의 시간에는 여기저기서 질문이 쏟아졌다. 나로서는 전부 알아들을 수 없었지만 강연스크린에 나타나는 그림을 보면서 들으니 어느 정도는 알아들을 수 있었다. 강연 동안에 나는 메모를 해가면서 하나라도 더 알기 위하여 귀를 쫑긋 세우며 집중했던 생각이 떠오른다. 지금 돌이켜보건데, Lehn교수의 강연을 통하여 나의 미래의 꿈을 과학자 혹은 교수로서의 꿈을 가지게 되었는지 모른다.

　이러한 꿈의 실현을 위하여 하나씩 옮기기 시작하였다. 먼저, 내가 생각하였던 단계는 과학에 관련된 명사의 강연에 기회가 될 때마다 참여하겠다는 결심을 하였다. 연구소에서도 가끔씩 초청강연이 있을 때마다 연사들의 업적과 내용들을 자세하게 살피게 되었다. 나중에는 명사들의 강연 참석 및 연구에 대한 열정으로 인하여 유학에 대한 꿈이 자라나게 되었다. 결국에는 일본으로의 유학의 꿈을 실현하게 되었고, 유학생활을 하는 과정에서도 명사의 강연에 참석하는 것을 게을리하지 않았다. 강연을 들을 때마다 그 사람의 업적 및 내용뿐만 아니라 그 사람의 인품까지도 배울 수 있다는 것을 알게 되었다. 강연자들마다 배울 수 있는 독특한 것들이 있어서 참석하면 할수록 나의 미래관을 확고하게 결정할 수가 있었다.

나는 유학을 하면서 또 한번의 인생을 결정지을 수 있었던 초청강연이 있었다. 그것은 놀랍게도 한국에서 초청강연에서 만났던 노벨화학상 수상자인 J.M.Lehn 교수의 강연이었다. 나는 무척 기쁘기도 하였고, 설레기도 하였다. 이번에는 예상되는 질문을 몇 개 만들어 질문을 하고픈 생각에 밤을 세워가면서 질문거리를 준비하였다. 이번의 초청은 일본과학재단에서 준비한 강연이었다. 강연장에 갔을 때는 많은 사람들로 인산인해를 이루었다. 사실, 나로서는 영어가 짧았기 때문에 질문하는 것이 용기가 나지 않았다. 그리고, 많은 청중들이 있었기 때문에 더욱 그렇게 되었다. 질문거리 쪽지를 만지작 거리는 순간에 다행히도 다른 누군가가 나의 예상질문과 비슷한 것을 하지않는가? 다행이다 싶었다. 이 강연을 통해 알았던 것은 역시 노벨상 수상자는 대단하구나 하는 생각을 하게 되었다.

Lehn 교수는 예전에 내가 한국에서 들었던 내용과 매우 다른 주제로 폭넓게 이야기하였다. 그리고, 내가 유학했던 연구실에 Lehn 교수 문하생으로 배웠던 조수(일본에만 있는 독특한 지위로서 박사학위를 가지고 교수를 보좌하는 중요한 역할을 담당)로부터 Lehn 교수의 전반적인 이야기를 들을 수가 있었다. 나는 이러한 자연적인 기회를 갖은 것에 대해 늘 감사하고 있다. Lehn 교수가 노벨상을 받을 수 있었던 여러 가지 뒷이야기는 결코 잊을 수가 없었고, 그러한 것들이 축적이 되어 "현재의 나"를 이루게 했던 계기가 되었음을 부인할 수가 없다. 명사의 강연속에는 깊은 철학이 묻어 있는 것 같다. 나는 강연을 참석하면서 그 핵심을 찾는 것을 알게 되었다. 그리고, 강연자의 성품을 배우게 되는 것 같다. **그 성품속에서 묻어나오는 것은 노력과 인내의 삶, 정직한 삶 뿐만아니라 도전하는 용기의 삶이 공통적으로 가지고 있음을 알게 되었다.** 여러분! 한번쯤 시간을 내어 명사의 강연에 참석하여 귀를 쫑긋 세우며 들어보세요. 분명히 여러분의 숙제를 풀어줄 수 있는 해답이 거기에 있는지도 몰라요. 아니 해답이 들어있을 것이라 생각하면서 참석하시면 꼭 해답을 얻을 수 있을 것이예요. 한번 귀를 쫑긋 세우시는 것이…..

3. 무형의 재산도 모이면 돈이 됨을 명심하라

 티끌모아 태산이란 말이 있다. 요즈음의 세상속에서 이러한 말들이 잘 들려지지가 않는다. 그만큼 행운을 바라는 사람들이 많아 졌음은 물론 움직이는 속도가 너무 빠른 세대에 살다보니 대박을 기다리는 경우가 생활속에서 자연스럽게 묻어나오는것 같다. 내가 어렸을 때만 해도 돼지저금통에 10원, 50원씩 모이는 재미가 있었고, 그것을 털어서 의미 있는 학용품을 마련하는데 사용되곤 하였다.

 나는 이 대목에서 돈을 티끌처럼 모이는 유형의 재산보다는 눈에 보이지 않는 무형의 재산에 더욱 큰 가치를 두고 싶다. 유형의 재산은 돈이나 어떤 물건으로 보이기 때문에 자기자신이 가지고 있는 재산들은 소중하게 다루며 항상 신경을 쓰게 마련이다. 그렇지만, 무형의 재산은 눈에 보이지않기 때문에 소중하게 생각하지않는 경우가 종종 있다. 우리가 하루를 살면서도 무수히 많은 일들이 지나간다. 이러한 많은 일들을 어떻게 받아들이냐는 사람들마다 제각각 다를 것이다. 어떤 사람들은 아무 생각없이 시간이 흐르는대로 지나칠 것이고, 어떤 사람들은 계획성있는 시간을 가지며 소중히 보낼 것이다. 그러나 대부분의 사람들은 자신의 일과에 쫓겨 다른 일은 생각해볼 틈도 없이 바쁘게 지나갈 것이다.

사실, 매일같이 시간표를 만들어 계획성있는 하루를 보낸다는 것은 바쁘게 살고 있는 현대인으로서는 힘이 들 수가 있다. 그렇지만, 매일같이 반복되는 주요한 삶을 제외하고 나면 하루의 시간표를 만드는 것은 그다지 어려운 것은 아니다. 곰곰이 생각하면 주요한 삶을 제외한 나머지 시간도 대부분 반복되는 삶에 불과하다는 것을 느끼게 된다. 필자의 경우에 두가지 종류의 하루 시간표를 가지고 있다. 한가지는 학기중에서 가지는 시간표이고 다른 한가지는 방학중에 옮기는 시간표이다. 이러한 시간표는 여러해동안 반복적으로 행동으로 옮기고 있기 때문에 일상생활속에서 자연스럽게 생활화되어 버린것 같다. 학기중에는 약 5시경에 일어나 생체리듬을 맞춘다. 내가 살고있는 아파트주변을 약 2시간에 걸쳐 산책을 한다. 때로는 뛰기도 하다가 걷기도 한다. 봄이 경직되어 있을 경우는 가벼운 몸동작으로 굳어있는 근육을 풀어준다. 이것은 궂은 날씨에도 계속된다. 요즈음은 날씨가 변덕스러워 도무지 예측할 수 없는 날씨가 종종 있지만 나는 이것에 개의치 않는다. 이것따지고 저것따지다보면 쉽게 계획을 포기하는 것이 인간의 습성임을 잘 알고 있다.

한번은 이런 경우도 있었다. 어느날 비가 보슬보슬 내렸는데 가끔씩 천둥과 번개가 동반하는 좋지 않은 날씨였다. 그저 나는 습관적으로 우산을 쓰고 밖으로 나갔다. 한참 들길에서 걷다가 먼거리에서 떨어진 낙뢰가 젖어있는 지면을 타고 순간적으로 나에게 왔고 우산손잡이에서 번쩍하며 불꽃이 일어나는 것이 아닌가! 어찌나 깜짝 놀랐는지 순간적으로 우산을 놓치고 말았고, 낙뢰를 스쳐 맞았음에도 불구하고 나를 지켜주신 하나님께 감사의 기도를 드렸다.

8시부터는 강의 준비 및 학교에서의 잡다한 일처리 등을 시작으로 학교생활이 계속 되다가 학생들과의 상담으로 공식적인 일을 끝낸 후, 다음날의 계획을 준비하고 밀려있는 개인적인 일에 몰입한다. 개인적인 일을 하다가 보면 강연할 자료들을 짧은 시일 내에 한꺼번에 만들어서 준비하는 것은 매우 어렵다. 또한, 그렇게 만들어서 자세히 살펴보다 보면 부족한 곳이 여기 저기서 나타나게 된다. 그래서, 강연할 자료들은 시간이 날때마다 조금씩 준비하면서 계획하지 않으면 여간 어려운 것이 아니다. 조금씩 준비한 자료들을 하나의 주제안에 취합하여 정리하면 훌륭한 자료가 되고 좋은 강연거리가 만들어진다.

나의 삶속에 이러한 조금씩 준비하고 모아서 하나의 자료를 완성하는 자연스런 습관이 없었더라면 내가 하고 싶었던 모든 일들이 실패로 끝났을 것이다. 사람은 누구나 화려한 인생을 꿈꾼다. 나도 예외는 아니다. 이러한 인생을 만드는 방법은 여러 가지 방법이 있을 것이다. 그러나, 필자는 자연의 법칙에 따라 화려한 인생을 만들라는 평범하고 이해하기 쉬운 법칙을 강조하고 싶다. 우리가 살고 있는 공간속에서 자신이 하루를 움직이는 동선을 잘 살펴보고 그 동선을 공책에 그려보기 바란다. 분명히 그 속에서 자신이 반복하고 있는 일들이 있을 것이다. 이러한 반복적이고 비슷한 일들을 공책에 하나씩 하나씩 모아두고 정리하다보면 화려한 인생의 꿈은 어느새 자기앞에 와 있을 것이다.

4. 새롭게 하는 것에 최선을 다하라

고여있는 물은 당연히 썩게 마련이다. 우리의 신체도 건강한 운동관리를 통하여 나날이 새로워지지 않으면 쉽게 건강을 잃게 될 것이다. 모든 것에는 새로운 비밀이 숨겨져 있고, 새로움 속에는 우리가 추구해야 할 미래가 숨쉬고 있다. 사실, 새로워진다는 것은 자신의 꿈을 실현시키는 것과 동일한 것이다. 앞서 설명한 바와 같이 필자가 박사학위를 받는 동안에 국제논문을 쓰게 되는데 있어 논문조사를 하게 된다. 남들이 하지 않은 실험들을 찾아 새로운 실험들을 구체화하여 옮기게 된다. 새로운 실험을 하는데 있어 많은 조사와 반복되는 실패가 거듭되게 마련이다. 이러한 과정에서 하던 실험을 포기하고 새로운 다른 쪽으로 실험을 옮기는 경우가 있는가 하면 하던 실험을 끝까지 포기하지않고 다른 방법을 강구하면서 계속 진행하는 경우가 종종 있기 마련이다.

필자의 경험으로는 후자의 경우로 많이 진행해 온 것 같다. 어느 쪽이 좋은 방법인지는 사람마다 다를 것이다. 여하튼 새롭게 하고자 하는 것에는 이견이 없다. 논문을 작성하는데 있어 새롭게 하지 않으면 큰 낭패를 보게된다. 이것이 바로 논문 표절시비에 말려드는 것이다. 특히, 요즈음은 인터넷으로 모든 내용을 볼 수 있기 때문에 즉시 공개되어 자신의 삶에 큰 저해 요소가 될 수 있는 것이다. 새롭게 하는 것에는 많은 고통과 노력이 수반되어야 함을 뼈져리게 느낀다. 필자의 경우, 정부과제나 민간과제를 신청함에 있어 참신한 아이디어를 가지고 수행이 가능한 주제로 신청할 경우에 여러번 탈락했던 경험을 가지고 있다. 심사위원들의 한결같은 평가의 내용은 선행된 연구와 차별화된 내용이 없다는 지적이 대부분이었고, 과제의 목표가 새로운 것이 아니라는 지적이 많았다. 이러한 내용만 보아도 새롭게 한다는 것이 얼마나 중요한 것인가를 짐작할 수 있을 것이다.

그래서 요즈음의 연구는 새로운 것을 만들기 위하여 공동연구의 형태로 가는 추세이며 새로운 학문을 가미하여 흥미로움을 더해 주어야 한다. 한편, 일상생활의 현장에서도 새로움이라는 단어를 종종 체험하게 되고 중요하다는 것을 깨닫게 된다. 필자의 생활의 필수도구인 자동차를 예로 들고 싶다. 필자의 자동차는 10년 이상을 타고 다녀서 잔고장이 많아지게 되었다. 그럴때면 새로운 부속품으로 갈아서 타곤 하였는데 자동차 타이어에는 별 관심없이 지나치게 되었다. 어느 겨울철에 달리다가 심하게 미끄러져 큰 사고로 이어질뻔 하였고, 자동차 기술자가 타이어가 많이 달았으니 새 것으로 교환하라는 것이었다. 필자가 보기에는 더 탈 수 있는 타이어로 생각되었지만은 전문가의 입장에서는 단호하게 교환할 것을 권유하였다. 만일, 내가 조금 더 욕심을 부려 타이어를 새 것으로 교환하지 않고 주행했더라면 과연 어떤 일이 벌어졌을 것인가는 상상조차하기도 싫다.

　이러한 눈에 보이는 현장에서도 새롭게 하는 것이 얼마나 중요한 것인가를 깨닫게 된다. 새롭게 하는 것이 대단히 중요함을 대학현장에서도 일어난다. 졸업을 하여 갓 취업을 했던 학생으로부터의 전화를 받았다. 그 학생의 이야기에 따르면, 하루의 일과가 반복적으로 움직이지만은 때로는 업무의 효율성을 위하여 각자의 업무에 효율적인 개선안을 제출해달라는 내용이었다. 그 학생은 몇주일동안 그것에 대해서 고민했다는 이야기를 해 주었다. 그 학생의 회사에서도 새로운 업무체계를 시도하고 있는 것이다. **필자의 생각으로는 마음의 여유를 가지고 지나온 과거를 정리하여 거기서 새로운 것을 찾아보는 노력이 필요하다고 생각된다.** 더불어 지나친 욕심을 버리고 실현가능한 목표를 설정하여 조그마한 즐거운 성취욕을 느끼는 것이 바람직할 것이다.

5. 남이 하지 않는 일들을 끈질기게 찾아라

또 나의 유학생활 이야기를 하고싶다. 지루하고 지리한 6년간의 유학생활로부터 얻은 경험들은 무수히 많지만 연구하는 동안 새로운 것을 찾아내려는 끈기를 배우게 되었다. 선생님으로부터 모진 굴욕을 참아내면서 정리하고 생각하는 습관이 몸에 배게 되었고, 새로운 것을 만들어내고 찾아내는 접근 방법이 매일매일 세련되어짐을 느낄 수가 있었다. 유학하는 동안 필자는 여러 형태의 유학생들을 만나게 되었고, 학위를 받기 위하여 오랫동안 학교에 몸을 담고 있는 끈기를 가진 학생도 만나게 되었다. 장학금을 받기 위하여 수십번의 도전을 통하여 받는 경우도 있지만 중간에 쉽게 포기하는 경우도 왕왕 경험하게 되었다. 사실, 장학금을 신청하다보면 비슷한 양식으로 이루어져 있어 복사하여 내는 경우도 종종 있었다. 필자의 경우도 예외는 아니었고, 신청서를 수십번 낸 적도 있었다. 더욱이, 선생님의 추천이 함께 구비되어야하므로 선생님에게 부탁하는 것이 가장 힘들고 미안함이 함께 하였다.

　이렇게 어렵게 준비하여 냈지만, 돌아오는 결과는 "유감스럽게도...." "아쉽지만..." "경쟁이 치열하여...." "다음 기회에..." 등등 별로 좋지않은 내용들이 대부분이었다.

　선생님께서도 필자의 추천이 너무 횟수가 많았던지 장학금의 내용을 보시면서 신청하지말라는 이야기까지 한적도 있었다. 나중에는 선생님의 추천서를 사전에 준비하여 적당한 수정을 통하여 추천서를 만들어 끈질기게 신청한적도 있었다. 지성이면 감천이라고 인내심을 가지고 세련된 작문을 만들어 신청한 것이 장학금을 받는 경우가 종종 있었다. 남들로부터 "신청해도 되지않는 장학금은 신청하지 않는다" 라는 말을 귀가 따갑도록 들어왔지만, 끈기를 가지고 신청한 것이 수혜받는 경우가 많았다.

　실험을 하다보면 어려운 딜레마에 빠지는 경우가 종종 있다. 필자의 경우도 똑같은 실험에 난관에 빠져 여러 날을 소모한 적도 있고, 그 실험을 포기하고 싶은 경우가 많이 있다. 그럴

때마다 오기와 패기로 밀고 나갈 수 밖에 없었고, 반복적으로 계속 실험하면서 원인을 찾아내고자 고생했던 기억이 주마등처럼 스쳐갔다. 돌이켜보건대 결국에는 가까운 곳에서 해답을 찾아내는 경우가 허다하였다. **실험뿐만아니라, 모든 일에 있어 도전적으로 끈질기게 접근하는 노력이 반드시 필요함을 체험하였다.**

한번은 이런 일도 있었다. 외국 학회에 발표를 하던 시기였는데 대학캠퍼스를 우연하게 걷다가 학교게시판에 공고되어 있는 외국인학생에게 주는 학회발표비용을 심사하여 지원한다는 내용이었다. 필자가 이런 절호의 기회를 넘길리는 없었다. 신청하는데는 다소의 불편함과 준비해야할 서류들이 있었지만은 이러한 서류들을 준비하는데 이골이 난 나로서는 문제될 일이 없었다. 더불어 선생님께 말씀을 드려 추천서를 받아야만 했다. 선생님께서는 추천서를 써주기는 하지만 이런 지원형태는 경쟁률이 매우 치열하고 인기있는 분야들을 대상으로 우선 지원을 하기 때문에 지원받는 것을 너무 기대하지말라는 선생님의 말씀을 듣게 되었다.

그렇지만, 필자는 선생님의 말씀을 한 귀로 들은채 준비해야 될 서류들을 하나씩 챙기고 작성할 여러 가지 형식들을 며칠밤을 새우면서 꼼꼼히 작성하고 읽어본 후 여러번 수정을 거쳐서 어렵게 제출하게 되었다. 약 열흘 후에 연락이 왔다. 학회발표 지원을 받게 됐다는 기쁜 소식이었다. 나중에 안 사실이지만, 내 분야에 관련된 신청자는 나 혼자라는 이야기를 들을 수 있었고, 운이 좋게 받을 수 있었다는 내용이었다. 이야기를 종합해보면 **생활속에서 일어나는 일중에서 조금은 번거롭지만 찾고 찾고 또 찾으려고 노력한다면 반드시 찾을 수 있음을 필자로서는 확신하고 있다.**

6. 대화를 통하여 모든 일들을 풀어라

　필자는 어렸을 때부터 일을 잘못했을 경우에 우선은 매를 맞고 충고를 듣는 경우가 많았고, 중고등학교시절에는 노란 완장을 찬 선배 규율부로부터 매를 맞는 경우가 많이 있었다. 특히, 수업시간에 시험을 잘못보던지 선생님의 말씀을 거역하였을 경우에는 매를 맞는 것이 보통의 일이었다. 그러나, 이제는 세상이 바뀌어 모든 것을 대화로써 풀어야만 한다. 학생들에게 매를 드는 세상은 없어진 것이다.

　필자의 경우도 마찬가지다. 더욱이, 화를 앞세워 해결하려는 자세도 금물이다. 학생들을 지도하다보면 화가 나는 경우가 다반사다. 개인적인 감정을 앞세워 일을 해결하다보면 오히려 복잡하게 엉키는 경우가 보통이다. 수십년간 학생들을 지도하면서 얻은 결과는 모든 것을 대화를 통하여 풀어야 한다는 결론이다. 연구실에 있다보면 여러 형태의 학생상담이 오고간다. 한번은 한 학생과 오랜 시간동안 학생의 고민에 대하여 이야기한 적이 있다. 그것도 여러번에 걸쳐서 상담을 하게 되었다. 그 학생은 충분한 상담을 통하여 자신의 인생을 올바르게 살아가는 방법을 알게 되었다며 필자에게 고마움을 표현하였고, 그 학생은 즐겁게 대학생활을 하고 있다. 이러한 모습은 필자의 마음을 흐뭇하게 만들어 주었으며 그 학생을 더욱 관심을 가지고 바라보는 습관이 생기게 되었다.

한번은 이런 일도 있었다. 그 날은 필자의 컨디션이 무척 좋지 않은 상태였으며 수업을 받는 학생의 태도가 매우 불성실하여 조금은 그 학생에게 기분나쁘게 말을 건네었고 화를 내게 되었다. 그 학생은 매우 당황스러운 얼굴로 필자를 물끄러미 바라보면서 기분이 나쁜 태도의 모습을 보였다. 그 때 화가 치밀어 손이 올라가고 체벌을 가했다면 어떤 일이 일어났을까? 라는 생각하기 싫은 기억이 떠올랐다. 사실, 그 때 필자는 그 학생을 나의 연구실로 조용히 불러 장시간에 걸쳐 상담을 하게 되었고, 필자가 화를 낸 것에 대한 충분한 이유를 이야기하면서 잘 마무리짓게 되었다.

세상을 살면서 화를 내고 싶을 때가 종종 있다. 그렇지만, 지혜롭게 화를 내는 습관을 길러야 한다. 우리집 아이들도 우리가 부모라고 특별한 이유없이 화를 내거나 퉁명스러운 말을 하면 즉각 반응이 온다. 부모의 그러한 말을 이해할 수가 없다는 것이다. 부모의 예전의 방식을 지금의 아이들에게 적용시키려는 것이 자연스럽게 우러나오는 것이다. 잘못된 우리의 습관을 인정하고 바꿔나가야 한다. 필자의 경우도 자식들의 행동에 때로는 마음에 맞지않는 경우가 종종 있다. 이럴때마다 조용히 불러 대화를 통하여 일을 해결하고자 한다. 대부분은 충분한 대화가 가족의 사랑을 유지시키고 있음을 경험하게 되었다.

최근 뉴스로부터 들을 것인데 아이들의 성적이 아버지와의 대화시간에 비례한다는 이야기를 접할 수가 있었다. 추론하건데, 이 결과는 당연하다는 생각이 든다. 아버지와의 충분한 대화 속에서 학생의 고민이 어느정도 해결될 수 있을 것이며 더불어 학생 스스로가 긍정적인 생각을 가지게 되어 삶에 대한 의지를 키워나가게 될 것이다. 그 결과로 공부에 대한 의지력을 키우게 되어 성적향상에 도움이 될 것임에 틀림이 없다.

이만큼 상대방과의 충분한 대화가 서로의 문제를 풀어 줄 것이며 나아가 자신의 부족한 곳을 채워주는 결과를 줄 것이다.

7. 생각하고 또 생각하라

 흔한 영어로 "Think twice"라는 말이 있고, 우리 말에도 "다시 한번 생각해봐" 라는 말도 자주 사용하고 있는 흔한 말이다. 모든 일을 행함에 있어 두 번 이상 생각하면서 일을 처리하면 조금은 늦더라도 그릇됨이 없이 처리하는 경우가 많이 있다.

 우리는 생활속에서 본의아니게 실수를 하는 경우가 종종 있다. 이러한 경우가 충분한 생각없이 행동이 앞서다보면 일을 망치게 만들고 실수를 연발하게 되는 것이다. 필자는 주위분들의 행동을 유심히 살펴보는 경우가 많이 있다. 이러한 행동들을 잘 살펴보면 자신의 행동을 어떻게 대처해야 되는가를 잘 파악할 수가 있다.

어떤 학생은 성격이 매우 급하여 차후에 어떤 일이 벌어질지는 뒷전에 남겨둔채로 자신이 하고픈 말과 행동을 먼저 옮기는 습관을 가지고 있다. 결국에는 타인에게 피해를 주는 경우가 많이 있다. 자신은 그러한 의도는 아니었어도 결국은 타인에게 무례함을 범하는 경우가 많았다. 그 학생을 조용히 불러 여러 번 충고를 주고 충분한 상담을 통하여 행동하는데 있어 두 번 이상 생각해 보라는 필자의 충고로부터 많은 개선이 이루어졌고, 요즈음은 말과 행동을 하는데 있어 매우 주의를 하는 습성을 가지게 되었다.

충분히 생각하는 습관은 일을 수행하는데 있어 매우 중요함을 필자는 몸소 체험한 것이 한두 번이 아니다. 필자의 경우 유학생활로 거슬러 올라간다. 실험을 하는데 있어 미리 계획하여 둔 프로그램으로 실험을 하게 되는데 예상밖으로 다른 길을 선택하여 진행하는 경우가 종종 있었다. 실험을 하게 되면 예상하는데로 잘 진행되는 경우도 있겠지만은 예상밖으로 딜레마에 빠져 몇 달간 고민스러운 나날을 보낸 적이 한두 번이 아니었다. 이럴 때마다 기존에 발표된 여러 논문들을 살펴보면서 원인을 곰곰이 분석하여 보고 다른 선임 연구자에게도 조언을 구하기도 하였다. 몇일 밤을 지새우면서 확인실험을 해 보기도 하고 원인이 될 만한 여러 가지 기초 실험을 반복하고 일어날 수 있는 예상 실험을 생각하고 또 생각하여 실험에 옮겨보는 가운데 그 실마리를 풀게 되는 경우가 자주 있었다. **실험을 하는데 있어 뼈져리게 느끼는 것은 아무리 잘 알려진 실험도 충분한 생각없이 수행을 하면 거의 실패로 끝난다는 것을 알게 되었다.**

앞서 이야기한 것처럼 유학생활을 하는 동안 필자는 선생님과 수없이 많은 토론을 하였다. 헤아릴 수 없을 만큼 혼이 나기도 하고 수없이 많은 실패도 경험하였다. 필자가 실험한 결과를 가지고 선생님과 토론을 하다보면 혼이 나는 것이 다반사이고 하나하나 지적당할 때마다 선생님께서는 충분한 생각을 가지고 대답하도록 충고해주셨다. 유학생활동안에 철저한 준비없이 그리고 충분한 생각없이 실험을 옮길 때마다 실험을 실패한 적이 여러번 있었고 귀중한 시간을 허비한 적이 한두 번이 아니었다. 그렇다고 주위의 학생이나 연구자들이 도와주는 경우가 거의 없었다. 혼자서 생각하고 혼자서 처리해야 하는 것이 유학생활이었다.

필자는 생각하는 습성을 기르기 위해서는 항상 긍정적인 생각을 가지도록 충고한다. 반대로 부정적인 사고방식을 가지게 되면 생각하기는 커녕 금방 포기해버리는 잘못된 습성을 가지게 되는 것이다. 요즈음은 모든 것이 빠르게 움직이고 있고 빨리 해결하려는 모습으로 변화하고 있지만 때로는 올바르게 일을 수행하는데 있어 충분한 생각을 통하여 일을 처리하는 경우가 종종 있는 것이다. 이제는 일을 수행하는데 있어 여유를 가지고 충분한 생각을 가지며 지혜롭게 해결하려는 습성을 기르는 것이 절실히 요구되고 있다.

8. 단무지같은 행동을 하라

　우리는 행동을 함에 있어 계획성을 가지고 하는 경우가 있는 반면에 계획성없이 행동으로 옮기는 경우도 있게 마련이다. 필자의 경우도 예외는 아니다. 일을 함에 있어 대부분은 철저하게 계획을 마련하여 행동으로 옮기는 것이 보통이다. 그러나 어느 때는 잠시 계획이라는 틀을 벗어나 마음가는 대로 살고 싶은 생각이 들곤 한다. 사실, 이렇게 마음 가는대로 잠시 살다 보면 자신의 스트레스를 잠시나마 풀 수 있을지언정 진정한 마음의 평화를 얻을 수는 없었다.

　필자는 교회에서 목사님의 설교의 대목중에 "항상 단무지같은 믿음을 가져야 한다" 라는 말씀이 떠오른다. 여기서 "단무지" 라는 것은 믿음을 가지려 할 때 단순하고(**단**), 무식하게(**무**)

믿으려 하지만 지혜롭게(**지**) 믿어야 한다 라는 말씀이었다. 필자는 이러한 단무지같은 믿음이라는 말을 우리 생활속에 적용시켜 단무지같은 행동으로 살기를 권유하고 싶다. 필자는 유학생활초기에 실험을 하는데 있어 단순하고도 무식하게 행동한 것이 떠오른다. 이 때는 지혜라는 것은 찾아볼 수가 없었다. 단지 선생님이 지시한 대로 묵묵히 실험하는 것뿐이었다. 그 결과는 명약관화하였다. 대부분 실패로 돌아간 것이다. 실패를 거듭하면서 실패의 원인이라는 것이 조금씩 눈에 들어왔고, 여러 가지 참고문헌을 보는 시각이 넓어짐에 따라 실험을 옮기는데 있어서 지혜를 짜내어서 일을 수행하는 습성이 몸에 붙음에 따라 실패의 확률은 많이 줄어들었다.

우리는 일을 수행하는데 있어 이것저것 살펴보고 곰곰이 생각해보고 결정하는 경우가 종종 있다. 그러나, 때로는 시간의 제약을 많이 받는 일이라면 곰곰이 생각한 후에 행동으로 옮기는 경우는 시간의 제약이라는 조건하에서는 실패로 끝나는 것이다. 필자의 경우에도 시간을 다투는 실험을 함에 있어 우선은 단순하게 생각하며 무식하게 실험에 옮겨서 그 결과를 알아보는 것이 종종 있었다. 그 후에는 결과에 대한 평가를 내리고 다시 피드백하여 실험에 대한 결과를 내는 경우가 많이 있었다.

  모든 일을 하는데 있어서 계획을 철두철미하게 세워서 지혜롭게 할 수만 있다면 이것보다 더 좋은 것은 없을 것이다. 그러나, 계획이 불투명하고 복잡하게 얽혀간다면 우선은 단순하고 무식하게 한번쯤 시도해보는 것도 나쁘지는 않은 것 같다. 한번 시도했다가 실패가 되었을 경우에 원점으로 되돌아가 그 원인을 살펴보고 지혜롭게 두 번째 시도를 강구하는 방법이 바람직한 일이 될 것이다.

  과학에서 만들어지는 원리(principle)도 하루아침에 만들어지는 것이 아니다. 어떠한 가설을 근거로 하여 수없이 많은 실험과 적용이 이루어지고 원점으로 여러번 피드백하여 만들어지는 것이다. 우리의 인생도 마찬가지인 것 같다. 즐거운 인생, 행복한 인생 그리고 성공적인 인생은 쉽게 이루어지는 것이 아님은 누구나 다 안다. 알면서 못하는 것은 모든 것을 제약(boundary)이라는 조건속에 집어넣어 생각하기 때문인 것 같다. 행동함에 있어서 실패하기 싫어서, 두려워서, 창피해서, 무지해서, 등등 이것저것 스스로가 제약을 만들어 행동을 늦추거나 포기하는 경우가 있다. 독자 여러분, 한번쯤 단순하고 무식하게 일을 해 보세요. 그 후에는 반드시 지혜가 생겨나는 일로 바뀌게 되고 틀림없이 인생역전 로또와 같은 길이 열릴 것입니다. 아자! 아자! 파이팅!

9. 항상 메모하는 습관을 가지라

　필자의 유학생활로 다시 거슬러 올라간다. 유학생활은 그야말로 자신과의 기나긴 싸움이다. 외로움과 싸워야하고 익숙하지 않은 문화에 적응하여야 했다. 더욱이 언어장벽에 부딪쳐 매일 긴장의 연속으로 살아야만 했다. 필자의 대부분의 시간은 실험하는 것으로 보내야만 했고, 선생님과의 토론시간도 매우 많았다. 선생님과 토론할 때면 긴장의 끈을 놓을 수가 없었고, 선생님의 말씀에 긴장하고 듣지않으면 무슨 이야기를 하는지 도저히 이해할 수 없었고 가끔씩 질문을 던질때마다 대답할 수가 없어서 혼나는 것은 일상생활의 일로 변해 있었디.

　더욱이 유학초기에는 언어장벽으로 인해 잘 알아들을 수가 없어서 기초적인 질문도 잘 대답할 수가 없었다. 한달에 한번

씩 돌아오는 자신의 연구발표시간에는 두드려맞을 것을 각오하고 발표준비에 온갖 신경을 곤두세워야만 했다. 잘 통하지않는 일본어로 발표를 해야하는 부담감 때문에 몇 일전부터 실험은 뒷전으로 미룬채 철저한 준비를 하여야 했다. 실험한 내용 및 발표된 논문을 선생님 그리고 여러 학생들앞에서 발표를 한 후에 여기저기서 날라오는 질문에 대한 답변은 필자로서는 매우 곤욕스러운 시간이었다. 걸러지지 않은 질문들, 기초적인 질문들, 그리고 응용을 가미한 질문들은 필자로서는 매우 진땀을 빼야하는 질문들이었다. 그렇지만 선생님과 토론을 하고 난 후에 공책에 토론에 대한 내용들을 철저하게 정리를 하였더니 시간이 지남에 따라 좋은 참고자료가 되어 선생님과의 토론이 매우 손쉽게 이루어지게 되었다.

  특히, 연구발표회 시간에 질문을 받았던 내용들을 위주로 공책에 하나씩 정리한 내용들이 쌓이고 쌓여 차후의 실험을 진행함에 있어 매우 중요한 참고자료가 되었다. **돌이켜보건데, 이러한 세밀한 자신만의 정리노트를 만들어 활용하지 않았다면 성공적인 유학생활은 보장되지 않았을 것이다.** 사실, 이러한 정리하는 습관은 오래전부터 만들어진 것이 아니라 유학생활을 통하여 일본인들로부터 배웠던 것이다. 그들은 어떤 일을 수행할 때마다 문서화하는 습관을 가지고 있다. 실험을 할 때마다 지나치게 꼼꼼할 정도로 확인하고 공책에 적어놓는 습관을 가지고 있다. 언젠가 실험을 하면서 학생들의 실험노트를 보게 되었는데 시시콜콜한 내용까지 자세하게 적어놓은 것을 볼 수가 있었고, 그것도 부족하여 그림이나 만화를 통해 자신만의 이해를 100% 돕기 위하여 표현하고 있는 것을 확인할 수 있었다.

필자의 경우도 이러한 좋은 방법들을 자신의 실험에 적용하여 하나 둘씩 정리한 내용들을 유학생활을 마치고 확인하니 그 분량이 수십권의 공책으로 만들어지게 되었다. 여기서 필자는 하나 둘씩 모아놓은 정리노트가 지금까지 훌륭한 참고자료가 되고 있는 것에 대해 자신도 감탄할 지경이다. 더욱이, 현재 진행중인 실험이 딜레마에 빠질 경우에 정리한 실험노트를 펼쳐보면 거기에 실마리를 풀 수 있는 해답이 있음을 종종 경험하였다. 필자의 경우에 수십년된 떨어진 메모장이 있다. 그 메모장은 날짜별로 그때그때 일어났던 일들을 간단히 적어놓은 필자의 인생의 지표이다. 그래서 필자의 삶이 매너리즘에 빠져 지쳐 있을 때마다 그것들을 펼쳐보면 삶의 의욕을 느낄 수가 있으며 재충전의 시간을 가질 수가 있었다.

자신이 기록하여 놓은 공책이나 메모장들을 함부로 버리는 것은 항상 다시 생각해보아야 한다. 그 메모장 안에는 여러분의 삶의 방향을 가르쳐주는 중요한 메세지가 들어있을 수가 있기 때문이다. 필자는 50년 전에의 초등학교 일기장을 가지고 있다. 가끔씩 그 일기장을 펼쳐보면서 지난날의 유년시절로 돌아가 생각에 잠기곤 하였다. 친구들과 즐거웠던 옛 추억을 상상하는 것도 매우 재미가 있고, 인생의 방향을 설정하는 데 있어 큰 힘이 되어주곤 하였다. 그리고, 30년 전의 일기장도 가지고 있는데 시시콜콜한 내용도 있어 조금은 유치한 것도 있지만 대단히 흥미롭게 읽어보기도 하였다. 30년전에 몇 년동안은 영어로 일기를 써 본 적이 있는데 영어 작문 실력을 향상시키는 데 있어 매우 효과적임을 경험할 수가 있었다.

요즈음은 디지털시대를 살아가기 때문에 쉽고 간편하게 처리하는 것이 보편화되어 있다. 메모장에 기록하지 것, 편지 쓰는 것 등등 젊은 세대에서는 경험하기 힘든 세상이 된 것이다. 필자의 경우는 아날로그 시대를 살아왔던 세대이며 지금은 디지털시대의 문명의 혜택을 만끽하며 살고 있다. 그러나, 요즈음의 세상에서도 아날로그 시대에 있었던 좋은 점들은 살려 자신만의 장점으로 만드는 지혜를 가져야만 하겠다.

필자의 생각으로는 그것이 바로 "메모하는 습관을 기르는 것"이 매우 중요함을 독자들에게 강조하고 싶다. 비록, 그러한 메모들이 유치하고 시시콜콜하게 보일지라도 나중에 여러분의 미래를 밝혀줄 인생의 등대가 될 것임에 틀림이 없을 것이다.

10. 밑에서부터도 거침없이 배워라

　세상에는 매우 다양한 사람이 살고 있고, 나보다 훨씬 똑똑하고 잘 난 사람이 아주 많이 있음을 누구나 느끼고 있을 것이다. 이러한 것들은 대화를 통하여 메스컴을 통하여 만남을 통하여 직접 경험하고 보고 있다. 똑똑한 사람이나 잘 나가는 사람들을 볼 때면 한편으로는 부러움을 가지기도 하지만 때로는 나도 그런 사람처럼 되고 싶은 욕심을 가지기도 한다. 우선은 그러한 사람들의 공통적인 삶을 이야기하고 싶다. 그러한 사람들은 여러방면으로 배우고 노력하는 것을 게을리하지 않았다는 것이다. 특히, 밑에서부터 배우는 겸손한 자세가 내재되어있어서 무엇이든지 긍정적으로 받아들여 그것을 생각해보고 평가를 하여 자신의 삶에 하나씩 하나씩 튼튼한 뿌리를 만들어왔다는 사실을 알게 되었다. 사람은 누구나 욕심을 다 가지고 있다.

필자도 예외는 아니며 가끔씩은 욕심에 사로잡혀 허덕이는 경우도 종종 있다. 결국은 욕심 때문에 모든 문제가 생기며 일을 망쳐버리는 경우가 있어 반성할 때가 많이 있다. 세상을 살면서 사람은 지지않으려 하고, 손해보지 않으려하고, 남보다 앞서가려고 하는 것이 보편적인 경우이다. 여기서 중요한 것은 우리가 한발짝 뒤로 물러나 생각해보면 자신의 가지려는 혹은 지키려는 욕심이 버리는 욕심보다 커서 생겨나는 일인 것 같다. 그래서, 용기를 내어 조그마한 욕심부터 버리는 실천적인 노력이 필요로 할 것이다. 예전에 어느 유명인사의 강연에서 들은 것인데 본인의 강연을 긍정적으로 들으려하지않는 부류가 있다고 하였다. 그 부류는 잘 나가는 사장, 교수, 그리고 고위직 공무원들이라는 것이다. 그 연사의 말에 의하면, 그것은 강연을 듣는 자세를 보면 한눈에 알 수가 있다고 하였다. 일단은 얼굴표정이 매우 매우 엄숙하다는 것이다. 너무나 엄숙해서 자신이 주눅이 들 정도였다는 것이다. 이목구비가 너무나 뻣뻣한 자세, 얼굴에는 팔자가 선명하게 나타난 자세는 강연중에 듣는 자세가 아니라 언제든지 기회가 되면 지적할 자세라는 것이었다. 필자는 학생들과 이야기를 나누다보면 많은 것을 경험하고 배우게 된다. 우선은 젊은 학생들의 생각을 배우게 되었고, 그 생각을 기성세대의 생각과 일치시켜 생각하면 않된다는 것을 배우게 되었다.

학생들과 졸업여행을 계획했을 때의 일이다. 필자는 학생들에게 패키지상품으로 편안하고 즐겁게 갔다오자는 제안을 하였다. 처음에는 그런 분위기로 기울여졌는데 며칠이 지나다보니 학생들이 인터넷사이트를 뒤적이고 나서 학생들끼리 어울릴 수 있는 상품을 만들어가지고 필자에게 보여주었다. 학생들이 계획한 여행상품은 필자가 생각한 여행상품과는 많은 차이를 두고 있었다. 만약에 이러한 상품을 필자가 묵살시키고 나의 방식대로 가자고 하였으면 졸업여행은 물거품으로 끝났을 것이며 학생들에게 작지 않은 신뢰를 잃어버렸을 것이다. 2박3일간의 짧은 여행이었지만은 학생들과 잘 어울릴 수 있었으며 기억에 남는 추억의 여행이 되기도 하였다.

필자의 경우는 학생들을 대할때마다 그들의 입장으로 돌아가 생각하는 경우가 많고, 그렇게 하다보면 일들이 편하게 잘 풀리는 것을 종종 경험하고 있다. **일단은 타인과 대화를 할때 중요한 것은 자신의 테두리를 먼저 버리고 타인의 입장에서 바라보는 현명한 방법을 택해야 함을 강조하고 싶다.**

필자의 학교에 원로교수님이 계신데 그 분은 여러방면으로 박학다식한 분이시다. 그 분은 대화의 규칙적인 수순이 생활속에서 묻어나온다. 우선은 먼저 다른 사람의 이야기를 들어보는 이야기 수순을 밟게 된다. 또한, 그 분은 우리들의 젊은 이야기를 듣고나서 맞춰나가려고 노력하신다. 다시말해, 밑에서부터 배우려는 모습은 우리 젊은이들의 모습을 반성하여 본다.

3장

행복한 삶으로

1. 내가 먼저 계산하라

 우리는 직장내에서 외식을 하는 경우가 종종 있다. 맛있게 식사를 하고나서 식사비는 누가 계산하는지 궁금하다. 물론, 미리 계획된 회식자리라면 정해진 누군가가 회식비를 계산할 것이다. 이러한 계획된 자리가 아닌 자연스럽게 만들어진 회식자리에서 누가 계산하는지가 관심거리다. 필자가 경험한 바로는 식사비를 계산하는 사람은 어느정도 정해져있는 것 같다. 학교의 어느 교수님은 회식할 때마다 대부분 계산하는 경우가 많이 있다. 식사를 마치기 전에 미리 계산하는 경우도 종종 있다. 필자가 아는 그 밖의 몇 분도 자신이 먼저 계산하려고 한다. 나는 여기서 그 분들의 공통점을 알아낼 수가 있었다. 그 분들의 얼굴에는 여유로운 미소를 가지고 있었으며 행복한 마음으로 자신을 표현하고자 하였다. **그 분들의 삶속에는 먼저**

대접하려는 것이 생활속에 습관화되어 들어있음을 확인할 수가 있었다.

그 분들은 집에 초대하여 식사를 베푸는 것도 생활속에 내재되어 있었다. 사실, 손님을 초대할 때는 아내의 허락과 사전 준비가 필수일 것 같은데, 그 분들은 그러한 절차는 없는 것 같았고, 시간이 허락되면 즉시 초대를 하는 것이었다. 예전에 필자의 경우, 손님을 초대하는 데 있어 아내의 허락은 필수, 사전 준비도 필수, 그리고 음식의 레시피도 곰곰이 고민하는 것에 조금은 신경쓰이는 경우도 있는 것이 사실이었다. 그 분들의 생활을 보면서 배우는 것이 있다. 형식적인 것은 날려버리고, 정(情)으로 묻어나는 인간적인 모습을 보여주고 있는 것 같다. 그 분들의 주위는 항상 풍성함으로 가득 채워져 있음을 느낄 수가 있다.

우리 학교 어느 교수님은 내가 주말부부라는 것을 알고 가끔씩 나를 초대하여 주신다. 항상 여유로운 미소로서 식사를 하자는 제의에 조금은 미안한 생각을 가지면서 정성이 들어간 토속음식을 먹고싶은 생각이 앞서게 된다. 초대받은 회식자리에서 교수님의 사모님께서 음식을 장만하느라 분주히 움직이는 모습을 보면서 나의 써빙(serving)습관을 반성하여 보았다. 음식을 나르고 계신 사모님께서 초대받은 사람들에게 이야기하셨던 것이 머릿속에 생생하다. 예전에 유학생활을 할 때에 같은 동료, 선배, 그리고 후배 유학생들을 초대하여 다함께 식사할 때가 종종 있었다는 말씀을 해 주셨다. 어린아이를 등에 업고 음식을 장만하여 유학생들을 대접했다는 사모님의 말씀을 잊을 수가 없다. 그 분들의 철학은 먼저 타인을 배려하는 습관이 정착되어 있다. **규율화된 자리보다는 정감있는 자리를 만들려고 하는 것이다. 사실, 현대사회를 살면서 이러한 정감이 넘치는 사회가 요구되고 있음을 느낄 수가 있다. 늘 그분들의 생활의 패턴은 자신보다는 타인을 먼저 생각하여 배려하는 습관이 정착되어 있는 것이다.**

또한, 어느 교수님은 자신의 별장같은 집을 내어주면서 하루를 편안히 쉬어가라는 말씀을 하시면서 집안의 여러 곳곳의 이용도구 및 음식들을 안내해주시는 너그러운 모습을 경험한 적도 있다. 그 분은 교회 장로님으로서 몸소 생활에서 봉사의 마음을 자연스럽게 실천하시는 모습은 우리 자신을 되돌아보게 만들었다. 그 분도 역시 같이 식사를 할 때쯤이면 자신이 식사비를 계산해야 안심이 되시는 듯 늘 먼저 계산하려고 하신다. 그것도 만면에 미소를 잃지않고 자연스러움과 너그러움이 묻어나신다. 주위사람들로부터 들리는 그 분들의 소문은 항상 좋은 소문들만 들리곤 하였다. 세상을 살면서 받는 마음보다 주는 마음이 얼마나 큰 의미를 부여하는지를 생각해보고 그 분들의 삶의 일부분만이라도 닮아가는 노력을 기울여야 함을 깨닫게 한다.

2. 시시콜콜한 말에도 귀를 기울이라

　나는 종교생활을 하면서 깨닫는 것이 있다. 말의 중요성을 깨닫게 된다. 다시말해, 입술로부터 나오는 작은 한마디에 사람의 생(生)과 사(死)를 구분짓게 하고 희비(喜悲)를 엇갈리게 하기도 한다. "말 한마디에 천냥빚을 갚는다" 라는 속담도 있듯이 말의 중요성은 아무리 강조를 해도 지나침이 없을 것이다. 우리는 삶을 누리면서 수많은 말을 듣고 하기도 하며 말에 의하여 희노애락을 구분짓는 경우가 허다하다.

　우리는 타인의 말을 귀담아 듣고 상대방을 배려하는 모습을 가진 사람이 얼마나 될까 되돌아 보아야 할 것이다. 대부분의 사람들은 자신의 생각을 관철시키려고 노력하는 모습을 보일 것이다. 만일 그 관칠이 상대방으로부터 방해를 받는다면 자신은 어떻게 행동할까 반성하여 본다. 우리는 상대방의 사소한 말에도 귀를 기울일 필요가 있다.

먼저, 상대방의 의견을 존중해 주어야 하며 상대방의 말에 집중할 필요가 있다. 상대방이 하는 말들이 아무리 가치가 없는 말이라도 그것을 존중해줘야 한다. 왜냐하면, 상대방은 한번쯤 생각하고 말을 했을 것이고 나름대로 정리된 말이기 때문인 것이다. 이러한 조그마한 상대방의 배려가 삶을 즐겁게 만들고 행복하게 만드는 방법임을 항상 생각해야 할 것이다. 필자의 경우는 유학생활을 하면서 선생님의 말 한마디라도 놓치지 않으려는 노력을 수없이 했던 기억이 떠오른다. 선생님의 말한마디속에는 여러 가지 내용이 함축되어 있었으며 연구의 실마리를 푸는 중요한 단서가 있음을 여러번 경험한 적이 있다.

어느 유학생은 선생님과의 토론시간에 선생님도 모르게 녹음기를 가슴에 품고 선생님과 토론하는 모든 것을 녹음하여 나중에 그 내용을 되풀이 하여 듣고 거기서 내용의 요지를 파악하고 앞으로의 연구계획을 세웠다는 이야기를 듣기도 하였다. **아무리 시시콜콜한 말 한마디 일지라도 그것을 귀담아 듣고 잘 정리하면 자신이 고민하고 해결하기 어려워 힘이 들었던 문제**

들을 해결할 수 있다는 놀라운 비밀을 깨닫게 된다. 더욱이 그 작은 말 한마디에 큰 행복이 내재되어 있음을 깨닫게 된다. 만일 필자가 유학생활을 하는 동안 선생님의 사소한 말 한마디들을 아무런 생각없이 지나쳐버렸으면 어떻게 되었을까? 지금 생각해보면 아찔하기만 하다. 다시말해, "현재의 나"가 만들어진 것은 그 때 유학시절의 선생님의 말 한마디를 귀담아 정리하여 나의 것으로 만들고 새로운 것을 계획하는 슬기를 발휘한 것이 성공의 밑거름이 된 것이다.

3. 동네의 역사에 관심을 가져라

　필자의 경우 걸으면서 주변을 관찰하는 취미가 있다. 유학생활을 하는 동안 시간이 날 때마다 자신이 사는 동네를 살펴보기도 하고 수시간동안 돌아다니면서 그 지방의 문화를 체험하는데 시간을 보내기도 하였다. 필자가 아는 일본인 아저씨가 있는데 그 분은 자신이 사는 마을에서 잘 알려지지 않은 역사들을 살펴보는 취미를 가지고 있다. 사진기에 마을의 모습을 담기도 하고, 세밀한 부분까지 눈여겨보면서 마을의 도서관에 들러 지방의 문화를 살펴보는 것도 간과하지 않는다. 이러한 취미를 가지다보면, 자신이 사는 마을이 친근하게 느껴지고 애향심이 생겨 자신의 마을을 발전시킬 수 있는 계기가 된다는 것이다.

특히, 성취감을 느낄수 있는 유일한 시간을 가지게 된다는 것이다. 우리는 자신이 사는 마을을 얼마나 조리있게 정립하여 타인에게 의미있게 전달할 수 있을까? 그 대답은 조리있게 말할 수 있는 사람은 그다지 많지는 않을 것이다. 그 이유는 자신이 사는 마을에 대해서는 잊고사는 경우가 많기 때문이다. 우리는 타인의 삶을 보면서 좋은 것들을 자신의 삶에 대입하도록 노력하여야만 한다. 이러한 삶은 자신의 지식을 넓히는 것뿐만 아니라 성취감을 가지게 되어 생활에 활력을 주기도 하며 삶에 대한 참의지를 일깨워주는 중요한 것이다.

필자는 아침마다 마을주위를 살펴보는 습관이 생겼는데 필자가 사는 마을의 이름이 감곡(甘谷)이다. 달 감, 계곡 곡, 풀어보건데 "단 맛을 내는 마을"로 필자 나름대로 해석해본다. 이것은 어느정도 근거가 있다. 필자가 사는 마을은 복숭아고장으로 유명한 마을이다. 5월만 되면 복숭아꽃으로 그림을 그리고, 황도의 복숭아향기가 풍겨오는 듯하다. 이 마을에서 지내다 보면 사당, 선돌, 유적지 등 살펴보고 기억할 만한 마을의 문화적인 발자취를 공부할 수가 있었다. 사실, 이러한 조그마한 문화재는 우리들 기억속에 사라져버리고 마는 경우가 종종 있다.

그러나, 필자는 마을의 문화재에 우연하게 관심을 가지게 되었고, 그 마을의 문화재를 살펴보다가 마을의 역사에 흥미를 가지게 되었다. 그 역사를 하나씩 풀다보니 마을 이름의 유래를 이해하게 되었고, 애향심을 가지게 되어 마을을 활성화시키고 발전시키는 계기가 되는 것이다. 우리는 때로는 너무나 큰 욕심에 사로잡혀 큰 것을 이루려고 노력한다. 이러한 큰 욕심으로 우리는 스스로 좌절하는 경우가 종종 있게된다.

큰 욕심은 금물이다. 자신의 주변을 먼저 살펴보는 것이 중요하다. 느린 눈으로 주변을 살펴보자. 재미있는 것들이 많이 있다. 우선은 조그마한 일이지만은 흥미롭고 가치있는 일들이 너무나 많다. 그 일들을 찾는 습관을 기르자. 자신이 사는 마을에는 분명히 자신을 기다리는 그 무엇이 있다. 단지 조그마한 관심을 자신이 사는 마을에 돌린다면 흥미로운 일들이 생겨날 것임에 틀림이 없다. 이러한 일을 찾음으로써 잔잔한 자신만의 행복을 가지게 될 것이고 자신이 사는 마을은 어느새 풍요롭고 행복이 넘쳐나는 마을로 변해있을 것이다.

4. 아이들과 같이 밖으로 나가라

필자의 아이들은 벌써 다 커버려서 같이 밖으로 나가는 경우가 드물다. 그래서 많이 후회가 되기도 한다. 아이들이 한 살이라도 어렸을 때 자주 밖으로 나가 놀아줄 걸.... 많은 아쉬움과 죄책감마져 든다. 때때로 아내의 말 한마디가 잊혀지지 않는다. "평소에 아이들과 같이 놀아준 적이 있었느냐" 라는 질문이다. 필자는 아무런 대답을 할 수 없었다. 필자가 아는 우리 대학으로 출강하는 박사님이 계신데 그는 아이들을 위해 시간을 내려고 애를 쓴다. 그는 초등학생 한명과 유치원생 한명을 두고 있다. 그리고, 자신의 부인을 대학원에 보내 집안에서의 일들을 벗어나게 하고 하고싶은 공부에 집중하도록 배려하고 있다. 젊은 박사님으로부터 나의 지나온 삶을 돌이켜보건대, 조금은 부끄러운 생각에 잠기곤 하였다.

나의 경우는 아이들을 위한 철저한 관심이 없었기 때문이다. 사실, 생각만으로는 아이들을 위해 하고 싶었던 내용들은 많이 있었으나 내가 하고 싶어했던 일들을 신경쓰다보니 그러한 시간을 놓치게 되어버린 것이다. 아이들과 함께 밖으로 나가 세상에서 배울 수 있는 좋은 곳을 보여주고 현장 학습을 통하여 스스로 체험할 수 있는 시간을 자주 가지도록 하는 기회를 만들어주어야 한다. 아이들은 비교적 단순하여 밖에서 일어나는 일들에 쉽게 배우고 그것을 빠르게 행동하려고 한다. 이러한 시기에 창의력을 넓힐 수 있는 밖에서의 좋은 프로그램을 접하게 하고 자주 참가하도록 부모가 만들어 주는 행동이 필요할 것이다.

아이와 함께 놀아주는 가장 쉬우면서도 최적의 야외활동은 자기가 사는 마을의 숲길을 아이와 함께 걷는 시간을 자주 가지도록 권유하고 싶다. 우선은 쉽게 나갈 수가 있고, 비교적 짧은 시간내에 아이와의 높은 친밀감을 형성할 수 있기 때문이다. 그리고, 숲길에서 주는 향긋한 공기는 마음을 안정시켜 줄 뿐만 아니라 아이에게 숲에서 일어나는 광합성의 원리를 자연스럽게 설명해줄 수 있는 기회도 있을 것이다. 그것이 비록 어렵게 들릴 수 있겠지만 아이들은 호기심에 자주 질문을 던지기도 하고 부모와의 대화속에서 부모에 대한 신뢰를 자연스럽게 형성시켜 부모에 대한 감사를 느끼게 될 것이다.

우리는 대부분 아이들과의 놀이에서 시간을 많이 투자하고 비용이 들어가는 프로그램을 계획하는 경우가 있다. 이러다보면 여러 가지 문제가 발생하게 되어 포기하는 경우가 허다하다. 생각을 달리하여 자기주변을 한번 살펴보고 계획한다면 예상 이외의 실용적이고 교육적인 내용들이 많이 있고, 인터넷 검색을 통하여 우리가 원하는 양질의 프로그램들을 찾을 수가 있다. 한편으로 좋은 프로그램을 계획하기 위하여 너무 생각에 몰입하다보면 실행하기 어려운 것에 봉착하기가 쉽다.

필자의 경우는 이러한 계획중심의 시간은 무의미하다고 생각되며 우선은 아이들과 밖으로 나가 놀아주면서 그 다음 일들을 생각하는 지혜가 필요하겠다. 집안에서 머물다 보면 한정된 생각만이 맴돌게 되고 쉽게 지쳐버리게 된다. 이러할 때 빨리 박차고 밖으로 나가 대자연의 맛을 보는 것이 중요하다. 밖에서는 우리가 알 수 없는 아이와 즐길 수 있는 기회가 얼마든지 있기 마련이다. **아이를 가진 부모님들이여! 특별한 계획이 없**

다면 아이를 데리고 무조건 밖으로 나가라. 밖은 계획이 없는 상황들을 계획을 만들어주는 놀라운 현장이 될 것이다.

  필자의 경우도 시간이 날때마다 인근 마을의 숲길을 천천히 걷는다. 걷는 동안에 자신이 생각했던 내용들을 계획하게 되고 내일의 일들을 정리하는 시간을 가지게 된다. 만약 이러한 시간을 집안에 머물게 되면 생산성없는 잡념에 사로잡히게 되며, 졸음에 빠져 아쉬운 시간만 허비하게 되는 경우가 허다하다. **밖은 자신의 생각을 넓혀줄 뿐 아니라, 새로운 미래를 만들어 주는 놀라운 현장이다. 밖은 자신과 가족의 건강을 지켜줄 뿐 아니라, 가족의 여러 가지 문제를 해결하여 주는 상담사와 같은 곳이다.**

5. "다! 우리가족 덕분이야" 라고 자주 외쳐라

 행복하기위한 지름길이 있는가? 라고 물을 때 필자는 "있다" 라고 대답하고 싶다. 우리는 여러 가지 제약에 묶여 행복이라는 단어를 잊고 사는 경우가 허다하다. 그리고, 자신의 욕심 때문에 행복해지려는 마음이 상실되기도 한다. 우리는 원초적인 모습의 삶으로 돌아가야 한다고 생각한다. 그것은 우리가족과의 삶에 중심을 두고 살아가야 할 것이다. 우리의 모든 삶을 우리가족 중심으로 생활을 한다면 행복은 자연스럽게 우리에게 다가와 있을 것이다.

 현대의 삶속에서 우리가족의 소중함을 잊고사는 것이 많기 때문에 타인을 이해하고 배려하는 모습은 찾아보기가 힘들다. 그리고, 우리의 삶속에 타인의 잘된 행동에 칭찬을 자주 해 주는 실천적 모습을 가져야 됨을 느끼게 된다. 필자의 경우도 자신의 삶을 반성해 볼 때 칭찬에 인색했음을 스스로 느끼게 된다. 우리가족에게도 그렇게 했던 경향이 있어서 타인에게는 얼마나 더욱 인색했던지 반성해 본다.

  필자는 요즈음 변화가 생기게 되었다. 주말부부로 사는 필자는 가족의 소중함을 절절하게 느껴 출근함에 있어 자신의 가족사랑의 느낌을 냉장고 문앞에 글귀를 남기며 가족사랑의 중요함을 마음을 담아 전한다. **필자는 사회를 아름답게 만드는 말들은 헤아릴 수 없이 많지만은 그 중에서 최고의 말은 "다! 우리가족 덕분이야" 라는 한마디 말이라고 생각한다. 사회가 점점 기계화되고 문명화되는 시간속에서도 우리가족의 중심을 찾고 회복하려는 노력이 있다면 세상은 얼마든지 풍요롭고 행복한 삶이 보장될 것이다.** 텔레비젼 아침방송에서 어느 강사가 행복을 위한 요소를 3가지로 집약해서 말했던 것이 생각난다.

  첫 번째로는 남의 말에 "맞아! 맞아!" 말장구를 쳐주는 습관이 필요하다는 것이다. 상대방의 말을 인정해주고 신뢰를 줄 때에 상대방이 나에게로 다가오는 것이다. 두 번째로 상대방의 말을 먼저 들어주고 자신의 말은 나중에 하려는 습관을 가지는 것이 중요하다 라는 것이다. 상대방의 입장을 이해하여주고 먼저 말을 들어줌으로서 친밀한 신뢰감이 형성된다는 것이다. 그리고 세 번째로는 "다! 당신 덕분이야" 라고 외치라는 것이다. 지금까지 편안하게 살아왔고, 편안하게 직장생활을 해 왔던 것도 당신 덕분에 그러한 것이다. 최근에 영국 BBC에서 발표한 행복헌장이 생각이 난다. 그 중에서 행복을 얻기 위한 12가지 방법을 소개하면 다음과 같다.

1. 좋아하는 일을 하라.
2. 즐겁게 행동하라. 행복한 표정을 짓고 낙천주의자이며 외향적인 사람인 척하라.
3. 가장 좋은 친구는 바로 자신이다. 자책하거나 자신에게 불가능한 요구를 하지 마라.
4. 자신에게 작은 보상이나 선물을 함으로써 매일 현재를 살아라. 그럴만 해서 주는 것이 아니다. 그렇게 하는 것이 좋기 때문에 주는 것이다.
5. 친구와 가족을 위해 시간과 노력을 투자하라.
6. 현재를 즐겨라. 문제가 발생하면 낙천적으로 생각하라. 문제를 과장하지 말고 좌절하지 않으면 행복의 바탕이 되는

중심을 찾을 수 있다.

7. 인생의 즐거움을 만끽하라.
8. 시간을 잘 관리하라. 상위목표를 세우라. 그리고 그 목표를 매일매일 실천할 수 있는 작은 목표들로 나누어라. 작은 목표들을 하나씩 달성하다 보면 어느새 시간을 잘 관리하는 즐거움을 맛볼 수 있다.
9. 스트레스와 역경을 헤쳐나갈 수 있는 나름의 방법을 준비하라.
10. 음악을 들으라. 휴식과 자극을 동시에 느낄 수 있다.
11. 활동적인 취미를 가지라.
12. 자투리 시간을 생산적으로 활용하라. 자신의 생각을 정리할 시간을 가져라.

위의 12가지 방법도 행복을 구하는 매우 중요한 요소이기는 하지만, 우리가족 덕분에 행복하고, 우리가족 덕분에 건강하고, 우리가족 덕분에 일을 하는 "다! 우리 가족덕분"이라는 말이 행복을 찾는 더욱 소중한 말이 아닌가 싶다. 그 말이 대단히 자연스럽고 우리 마음에 청량감있게 들린다.

6. 아내의 충고를 마음에 새겨라

    독자님들은 어떠합니까? 아내의 말을 귀담아 잘 듣는 편입니까? 결혼을 안했다구요. 그래도 한번 읽어보세요. 새로운 느낌과 감흥이 올 것으로 기대합니다. 본인을 가장 잘 아는 사람은 바로 아내일 것이다. 사실, 우리가 세상을 살면서 본인의 마음을 잘 알아주고 이해하여 주는 사이가 부부사이일 것이다. 또한, 희노애락을 같이 공유하는 긴밀한 사이도 부부사이일 것이다.

    그러나, 때때로 우리는 알게 모르게 아내의 충고를 무시하고 그냥 잊고 사는 경우가 다반사다. 필자의 경우에도 그러한 경우가 많아 아내와의 불협화음도 있었고, 상황이 좋지않은 경우도 있곤 하였다. 이러한 상황에서 어떠한 좋은 말이 나올 수가 없으며 상황이 더욱 어렵게 꼬이게 되어 당분간은 냉기류가 흐를 수 밖에 없다. 이때, 본인이 잘못하였다는 것을 인정하고 사과를 하는 지혜가 필요하다. 그런데, 가부장적인 성격을 지닌 남편은 이러한 사과의 말이 쉽게 나올 수가 없을 것이다.

그러나, 필자의 경험으로는 사과의 말을 할 수 있는 지혜가 필요하다. 본인이 알지 못하는 모든 부분을 아내는 다른 시각으로 바라보면서 충고를 해 주는 것임을 명심해야 하겠다. 가족의 사랑과 화합은 부부사이의 친밀감의 정도에 따라 달라진다고 생각된다. 자식들은 부모를 닮아간다. 부모의 행동 하나하나가 자식의 행동에 영향을 미쳐 자식의 모든 삶에 지표를 만들어 주는 것이다. 좀 더 시야를 넓게 바라보면은 아내의 말 한마디 즉, 작은 충고가 남편의 체면을 바로 세워주며 바른 길로 갈 수 있는 방향을 설정해 주는 것이요. 나아가 부부애를 향상시켜 자식들에게 영향을 끼치고 더불어 가족사랑과 화합을 이끌어 내는 것으로 생각된다.

필자의 다른 경험으로는 본인의 고집이 아내의 마음을 상하게 하는 경우가 있는 것이다. 이것은 정말로 좋지않은 결과를 낳는다. 결국에는 아내의 말 한마디를 듣고 나서야 비로소 본인의 고집이 잘못되었다는 것을 알게 되고 부부사이의 심한 냉기류가 흐르게 되는 것이다. 이와같이 본인의 똥고집들을 마음으로 되돌아보면서 반성해 볼 필요가 있다. 필자는 이러한 말을 하고 싶다. **남편은 일차원의 생각을 하지만, 아내는 이차원의 생각을 하고 있는 것이다.** 다시말해, 말과 생각에 있어 아내가 남편보다 지경이 훨씬 넓다. 우리는 한발짝 뒤로 물러나 아내의 마음을 바라보고 읽어내는 지혜가 필요하며 아내의 시시콜콜한 말 한마디에도 귀를 기울여 삶을 윤택하게 살아갈 수 있는 보다 넓은 마음을 가져야 하겠다.

7. 항상 긍정적으로 행동하라

우리는 생활을 함에 있어서 긍정적인 생각을 가지고 그 생각을 믿고 꾸준히 행동으로 옮기는 경우는 그다지 많지는 않다. 사실, 생활을 함에 있어 긍정적인 생각을 가지고 있는 사람들은 많이 보아왔지만 그 생각만을 가지고 장기간 행동으로 실천하는 사람들은 과연 얼마나 될까? 라는 것이다. 우리는 확실한 목표가 설정되지 않는 한 실천적인 모습으로 꾸준히 행동으로 옮기는 경우는 매우 어려운 것은 사실이다. 주위의 상황에 따라 변수가 매우 많이 존재하기 때문에 본인도 모르게 좌절되기가 쉬운 것이다.

필자의 경우는 이러한 긍정적인 행동이 얼마나 어렵고 얼마나 피를 말리는 지를 경험한 사람중의 한사람이다. 그렇지만, 확실한 목표를 설정하여 "할 수 있다." "해낼 수 있다." 라는 굳고 긍정적인 믿음으로 오로지 목표를 향해 달려가는 실천적인 모습이 대단히 중요함을 강조하고 싶다. 앞서 이야기 했다 시피, 필자는 6년간의 유학생활을 마치고 2000년에 한국에 들어왔다. 그 때의 취업상황은 IMF를 겪은 상황이라서 안정적인 직장을 잡기가 매우 힘든 상황이었다. 특히, 나이가 많고 고학력은 취업에 있어 매우 불리한 상황이었다. 그 때, 필자는 옛 직장에 다시 들어가고픈 생각에 그 직장의 문을 두드렸지만, 답은 매우 냉정하고 현실적이었다. 필자같은 고학력출신은 너무나 많아서 희소성이 없다는 냉정한 대답을 듣게되었다. 그때, 필자는 굳은 결심을 하게 되었다. 유학할 때의 초심의 마음으로 돌아가 연구원의 자세로 관련된 전공에 꾸준한 연구업적을 쌓는 길이 나의 길임을 깨닫고 오로지 연구에 매달리고 나머지 결과는 하나님께 맡기는 굳고 긍정적인 목표를 세우게 되었다.

이러한 꾸준하고 긍정적인 행동이 자신이 목표하는 직장을 얻게 되었고, 삶의 질을 윤택하게 하는 새로운 목표를 향해 정진하고 있다. 긍정적인 생각과 동시에 긍정적인 행동이 우리가 살고 있는 이 현대사회에 대단히 중요함을 알게 되었고, 새로운 목표를 만들게 하는 삶의 필수적인 요소임을 깨닫게 되었다. 긍정적인 생각과 행동이 얼마나 중요한 것인가를 최근에 취업한 한 학생의 예를 들어보겠다. 사실, 대학을 졸업하여 반듯한 직장을 구하는 것이 대단히 어렵다는 것은 잘 알고 있을 것이다. 이 학생은 필자와 4년동안 취업분야를 설정하여 꾸준하게 준비하였고, 취업할 회사에 필요한 구체적인 요소들을 체계적으로 만들어 나갔다. 이 학생은 영어와 학업성적이 우수한 학생은 아니었지만 항상 긍정적인 생각을 가지고 꾸준하게 실천하는 적극성을 지니고 있는 학생이었다. 더욱이, 학교의 어려운 일들을 자발적으로 맡아 문제를 해결하려는 긍정적인 행동을 꾸준하게 보여 주었다. 마침내 이 학생은 자신이 원하는 회사에 당당히 합격하여 그 회사에서 꼭 필요한 인재로 성장하고 있으며 새로운 목표를 향해 꾸준히 노력하고 있다.

우리는 살면서 여러 가지 상황에 봉착하다보면 부정적인 시선으로 바라보는 경우가 허다하다. 결국은 그러한 부정적인 시선은 부정적인 행동으로 옮겨져 자신도 모르게 습관적인 잘못된 결과를 초래하게 되는 것이다. 우리는 철저하게 자신을 반성하여 볼 필요가 있고, 긍정의 힘을 믿고 자신이 설정한 목표를 향해 꾸준히 실천하는 긍정적인 행동이 필요하겠다.

8. 아는 분들에게 편지를 써 보아라

현대사회는 모든 것들이 편하게 만들어져 있고, 편한 것을 추구하려고 한다. 우리는 이 문명에 자연스럽게 들어가게 되었고, 자연스럽게 그렇게 하려는 습관에 빠져버리게 되었다. 이제는 편한 것을 추구하려는 습관들이 정착화되었다. 이 중의 하나가 편지를 자필로 써서 주고 받는 정감있는 문화들은 어느덧 사라지고 IT(informational technology) 문명에 편승하여 간단한 이메일로 자판을 두들겨 만든 컴퓨터 편지들이 하늘을 날아다니고 있다. 너무나 쉽게 작성하여 쉽게 보내고 받아보는 문명에 살게 되었다. 이러다 보니, 그러한 글귀들은 쉽게 잊어버리게 되고, 인간의 소중한 기본정서인 우정, 사랑, 친밀감 등은 우리 주변에서 사라져버린 것이다.

필자는 경우는 20년 이상된 자필로 주고받은 편지들을 보관하고 있다. 이러한 편지들을 지금에 와서 우연하게 펼쳐 읽다보면 옛날 생각의 아련한 추억을 되새기곤 한다. 그 편지속에는 그야말로 정성이 담긴 글씨가 들어있고, 정감있는 이야기들이 주옥같이 빛나는 것을 느끼곤 한다. 특히, 그 편지속에 들어있는 노오란 은행잎 한 장에 보낸이의 우정과 사랑이 묻어나 있다. 그 편지속에는 말로 표현할 수 없는 무한한 사랑의 모습을 표현하고 있고, 끈끈한 우정의 모습을 보여주고 있는 것이다. 우리는 상대방에게 말로 표현하여 이해 시키려는 경우가 비일비재한데 경우에 따라서는 말을 실수하여 곤란을 겪는 예가 허다한다. 한 번 말한 것은 주워담을 수가 없어서 상대방에게 큰 과오를 범하게 되며, 우정에 금이 가는 것이다.

  이럴 때 하나의 지혜가 필요하다고 생각된다. 한발짝 물러나 직설적인 말보다는 자신의 감정을 충분히 표현한 자필로 정리된 편지를 상대방에게 건네준다면 충분한 이해와 함께 돈독한 우정과 사랑을 키워나가게 될 것이다. 필자의 경우는 자필로 편지를 써서 상대방의 이해를 구하려는 습관들이 어느정도는 몸에 베어있다. 지금까지 이러한 행동들이 나에게는 삶의 플러

스가 되어 삶을 윤택하게 하고 있음을 경험하고 있다. **"말 한 마디에 천냥 빚을 갚는다"는 속담이 있듯이 "자필 편지 한 장이면 인생 문제가 해결된다"는 말을 던지고 싶다.** 우리는 해결점을 찾는데 있어서 돈으로 해결하려고 하고, 승부로 해결하려고 하고, 말로 해결하려고 한다.

물질만능주의와 속도의 시대에 편승하여 돈과 속도전으로 해결하려는 습관에 젖어있다. 물론, 이러한 것으로 문제가 해결되는 경우도 있지만, 모두 다 해결되는 것은 아니다. 이럴때마다 한템포 늦추어 자신의 감정을 편지를 통하여 이해를 구하려는 발전적이고 지혜로운 자세가 요구되는 것이다. 필자가 유학시절에 잘 배운 것중에 하나가 논문을 읽고 발표하는 경우에 발표문을 일일이 작성하여 말할 것을 여러번 점검 수정하여 다듬어진 말이 나올 수 있도록 하는 습관을 배운 것이다.

사실, 이러한 일은 매우 귀찮고 어마어마한 시간을 잡아 먹는다. 처음에는 한시간 발표할 논문을 준비하는데 있어 발표문만 3일밤을 지세우면서 말을 다듬었던 추억이 떠오른다. 만일, 이러한 철저한 준비가 없었더라면 성공적인 유학생활은 기대할 수 없었을 것이며 영광스러운 박사학위 취득은 없었을 것으로 판단된다. 독자 여러분께 이해를 구하고 싶다. 지인, 친구 아니 형제, 부인, 남편에게 얼마나 많은 편지를 써 보았습니까? 문제가 있습니까? 한번, 용기를 내어 펜을 들어보세요. 종이에 자신의 감정과 이성을 가지고 한자한자 써 내려가 보세요. 그 글이 사랑과 우정이 담겨 상대방에게 잊지못할 소중한 추억의 편지가 될 것이다. 인생의 문제는 이 소중한 자필 한 장의 편지로 해결될 수 있음을 믿고 용기를 내어 행동으로 옮기길 바란다.

9. 봉사활동에 자주 참가하라

자기자신을 행복하게 만드는 방법은 수없이 많을 것이다. 일반적인 생각으로는 내가 먼저 여유가 있고, 내가 먼저 행복한 마음이 있어야만 타인을 행복하게 할 수 있다는 생각이 지배적일 수 있다. 그러나, 이러한 생각은 진정한 봉사활동에 참가하다보면 순서가 잘못되어 있다는 것을 확인할 수가 있다. 다시 말해, 타인을 도와줌으로 인해 자신에게 여유로움이 찾아오고 참행복이 찾아옴을 느끼게 된다. 필자는 요양원에서 3일간 봉사활동에 참가한 적이 있다. 병실에서 누워서 생활하시는 어르신들을 돌보았는데, 대소변까지 치우는 손이 많이 가는 봉사였다. 처음에는 여러 가지 냄새로 인해 힘들었던 점도 있었지만은 이것이 나의 일로 생각하니 기쁜 마음이 생겨났고, 하루일들을 즐겁게 마칠 수 있었다. 3일간을 잘 마치고 나니 봉사에 대한 의미를 확실하게 다질 수 있었고, 나의 마음에 잔잔한 감동을 스스로 느낄 수가 있었다. 더욱이, 하루하루 살아가는 시간들이 소중하게 느껴졌으며 봉사에 대한 식견이 넓어지면서 봉사활동에 대한 새로운 미래를 세울 수 있었다.

그 새로운 미래는 곧 나에게로 다가왔다. 그것은 우리 학교에서 실행하고 있는 해외봉사활동이다. 꿈에도 생각하지 않았던 봉사활동이 나를 기다리고 있었다. 한번쯤 가보고싶었던 나라 네팔에 단장으로서 봉사활동에 참가하게 되었다. 그렇지만은 봉사활동에 참가한다는 것이 기쁨 반 걱정 반이었다. 왜냐하면, 네팔의 봉사지역은 처음 나가는 지역이고 아무런 정보가 없다는 것이었다. 14박 15일간 12명의 학생들을 데리고 참가하는 봉사활동이라 철저하게 계획을 세워야만 했다. 처음 개척하는 지역이라서 몇 주일동안 네팔에 있는 선교사님을 통하여 계획을 세우고 수십번의 확인을 거쳐야만 했다. 봉사지역이 네팔의 수도 카트만두이기 때문에 우리 단원들은 여러 가지로 기대를 많이 하며 출국하게 되었다. 약 8시간의 비행 끝에 카트만두 공항에 도착하여 바인시파티 마을에서 봉사활동이 시작되었다. 그 다음날부터 노력봉사로써 무너진 돌담길을 복구하는 작업이었고, 우리 학생들은 처음하는 것이라서 매우 서툴렀지만 열심히 하는 모습에 네팔인들이 합세하여 도와주었다. 하루 봉사활동을 마무리지면서 서로의 소감을 묻는 과정에서 학생들은 봉사에 대한 참의미를 이해하였고, 자신들이 네팔인들에게 소중한 사람임을 깨닫게 되었다.

우리 봉사단원들은 처음에는 자발적인 모습이 미약했지만 은 시간이 가면 갈수록 스스로 찾아서 봉사하는 모습을 볼 수가 있었다. 어느 하루는 학생들에게 미션게임을 하도록 하였다. 3그룹으로 나누어 대학을 방문하여 학생들과 이야기를 나누는 장면, 대학의 책임자를 만나 대화를 나누는 장면, 그리고 그 지역의 물가정보 등 다양한 것들을 사진기에 담아오도록 하는 게임이었다. 그때, 한 학생이 영어를 할 수 없어서 도저히 할 수 없다는 이야기였다. 나는 그 학생에게 똑같은 상황이기 때문에 예외는 있을 수 없다는 것으로 미션게임이 시작되었다. 오전 10시부터 오후 5시까지의 미션게임은 학생들에게는 도전의 시간이었고, 성취감을 느낄 수 있는 시간이었다. 미션게임이 종료되고 저녁시간에 평가회를 가지게 되었는데, 모든 단원들이 잊을 수 없는 추억거리를 만들었다는 성취감에 모두가 밝은 모습이었고, 영어를 한마디 못한다는 학생이 미션게임을 잘 끝냈다는 성취감에 스스로에게 만족한다는 이야기를 털어놓았다. 그리고, 그 학생은 한국에 돌아가면 영어공부를 열심히 해야겠다는 다짐을 나에게 하는 것이었다. "백문이 불여일견" "Seeing is believing"이란 말이 있다. **봉사활동에 대한 의미를 여러번 이야기하는 것보다 한번 경험하게 이끌어주는 것이 중요하다.** 우리 학생들은 봉사활동전의 생각과 봉사활동후의 생각이 완전히 변화한다는 것이다. 부정적인 생각이 긍정적인 생각으로, 수동적인 모습이 능동적인 모습으로, 그리고 소극적인 생각이 적극적인 생각으로 바뀌고 돌아오는 것이다.

10. 느림의 인내를 이해하라

 현대사회는 모든 것이 빠르게 발전하고 빠르게 움직이고 빠르게 변화하고 있다. 여기에 발맞추지 못하면 뒤처지게 되고 낙오자가 되는 경우가 다반사다. 그만큼 각박한 세상에 사는 것이고 서로 이해하려는 시간조차도 내기 어려운 시간속에서 살고 있는 것이다. 이제는 빠름의 세상속에서 하루 24시간이 어떻게 지나갔는지 기억하기 힘이 들게 되었다. 그야말로 우리의 인생이 생각할 틈조차도 내기 어려운 빠름의 시간과 무미건조하게 같이 흘러가는 것이다.

 최근에 필자는 가족과 함께 전라남도에 위치한 조그마한 섬마을인 증도라는 섬에 짧은 휴가를 가게 되었다. 가기전에는 단지 해수욕이나 즐겨본다는 마음으로 가게 되었지만 그 섬에

도착하였을 즈음에 "slow city" 문구가 나타나기 시작하였고, 아시아 최초의 슬로우 시티라는 사실을 알게 되었다. 그 섬은 오로지 염전으로 삶을 살아가는 시간이 멈춘 듯한 한적한 마을 이었다. 태양볕아래에서 땀을 흘려가며 질좋은 소금을 만들어 내는 사람들의 땀방울을 잊을 수가 없었다. 일하는 사람들의 모습은 결코 서두르지 않는다. 조금씩 조금씩 모아나가는 반짝이는 소금을 바라다보면서 느림의 철학을 조금이나마 이해하게 되었다. 증도에서의 짧은 여정이었지만 필자가 지금까지 경험하지 못했던 소중한 새로운 경험을 하게되어 가뿐한 마음으로 돌아오게 되었다.

 사실, 하나의 제품을 생산함에 있어 기계 및 컴퓨터에 의존하여 빠르게 생산하는 것이 대부분이다. 그러나, 염전에서의 질좋은 소금을 생산하는 것은 오로지 태양에 의존하고 오로지 기다린다. 그 후에 사람의 땀방울에 의해 하나의 생산품이 나오게 되는 것이다. 전과정을 살펴보면 빠르게 움직이는 모습은 하나도 없다. 그야말로 느리지만 철저하게 움직이는 모습속에서 질 좋은 소금의 제품이 나오는 것이다. 여기서, 필자는 숙연하여 진다. 우리는 그저 소금을 가지고 맛을 내는 경험은 수도

없이 해 보았지만, 소금이 어떻게 만들어지는지 증도방문 이전까지 몸소 경험해 본 적이 없다. 하루의 일과를 유심히 살펴보면, 일정한 패턴을 가지며 흘러간다.

그야말로 다람쥐 쳇바퀴 돌 듯 그저 흘러가는 것이다. 문명의 이기에 편승하며 빠름의 시간에 편승하며 흘러가는 것이다. 어느덧 정년에 가까워지면 돌아온 세월을 반성하며 아쉬움의 시간도 가지게 될 것이다.

우리는 흘러가는 세월에 편승하기 보다는 중간중간 삶을 되돌아 보고, 잠시 멈추어 회고의 시간을 가지는 느림의 미학으로 정리하는 지혜를 가지는 것이 필요할 것이다. 서두르다 보면 일을 망치는 것은 다반사다. 차분한 마음으로 미래를 계획하는 슬기를 가지는 것이 현대사회에서 꼭 필요한 덕목중의 하나일 것이다.

사실, 느리게 생각하고 느리게 행동하는 느긋한 마음으로 움직이는 것은 인내심이 없으면 절대로 할 수가 없다. 하나의 목표성취를 위하여 그저 묵묵히 바라다 보고, 느림의 미학을 가지고 인내하며 가는 것이다. 우리는 무엇인가 이루려는 욕심으로 숨가쁘게 쉬지않고 움직이고 있는 것이 대부분이다. 이러한 삶을 되돌아보면 후회스러운 일이 한두가지가 아니다. 이러한 세상속에서 필요한 것은 평범한 진리를 깨우치며 느림의 진리를 찾고 인내심을 가지며 꾸준하게 움직이는 모습이 필요하겠다.